세상을 비춘 영화인의 말
딱 한마디 영화사

딱 한마디 영화사

펴낸날 초판 1쇄 2025년 9월 26일

글 안소연 | **그림** 이인아
편집 박주미 | **디자인** 김윤희 | **홍보마케팅** 이귀애 이민정 | **관리** 최지은 강민정
펴낸이 최진 | **펴낸곳** 천개의바람 | **등록** 제406-2011-000013호 | **주소** 서울시 영등포구 양평로 157, 1406호
전화 02-6953-5243(영업), 070-4837-0995(편집) | **팩스** 031-622-9413 | **사진자료** Shutterstock: 36, 42, 43, 117 Wikimedia Commons: 14, 15, 21, 23, 29, 31, 32, 33, 41, 50, 51, 52, 53, 58, 60, 61, 64, 69, 74, 77, 79, 86, 87, 97(Gage Skidmore, CC BY-SA 2.0), 100, 107(Angela George, CC BY-SA 3.0), 111, 113(Thomas Schulz, CC BY-SA 2.0), 127(Dick Thomas Johnson, CC BY 2.0)

ⓒ안소연·이인아, 2025 | ISBN 979-11-6573-698-9 73680

* 이 책은 저작권법에 따라 보호받는 저작물이므로 무단전재와 무단복제를 금지하며,
  이 책 내용의 전부 또는 일부를 이용하려면 반드시 저작권자와 천개의바람의 서면 동의를 받아야 합니다.
* 잘못 만든 책은 구입하신 서점에서 바꾸어 드립니다. 천개의바람은 환경을 위해 콩기름 잉크를 사용합니다.
* 종이에 베이거나 긁히지 않도록 조심하세요. 책 모서리가 날카로우니 던지거나 떨어뜨리지 마세요.

제조자 천개의바람 **제조국** 대한민국 **사용연령** 11세 이상

세상을 비춘 영화인의 말

딱 한마디 영화사

안소연 글 | 이인아 그림

천개의바람

차례

머리말 …… 6

영화는 미래가 없는 발명품이다
오귀스트 뤼미에르(1862년~1954년), 루이 뤼미에르(1864년~1948년) …… 8

마술도 꿈도 없이 살아갈 수 있는 자가 어디에 있는가?
조르주 멜리에스(1861년~1938년) …… 16

인생은 가까이서 보면 비극이지만 멀리서 보면 희극이다
찰리 채플린(1889년~1977년) …… 24

내 영화의 진정한 주인공은 땅이다
존 포드(1894년~1973년) …… 34

꿈꾸고, 믿고, 도전하라
월트 디즈니(1901년~1966년) …… 44

영화감독이 되는 것은 최고의 장난감 세트를 받는 것과 같다
오슨 웰스(1915년~1985년) …… 54

내 영화는 허구보다는 사실을, 영웅보다는 평범한 사람을 다룬다
비토리오 데 시카(1901년~1974년) …… 62

두려움을 없애기 위해 두려움에 대한 영화를 만든다
앨프리드 히치콕(1899년~1980년) ⋯⋯ 70

영화감독은 영화의 진정한 작가가 되어야 한다
프랑수아 트뤼포(1932년~1984년) ⋯⋯ 80

나는 밤에만 꿈을 꾸는 것이 아니라 온종일 꿈을 꿉니다
스티븐 스필버그(1946년~현재) ⋯⋯ 88

호기심은 상상을 낳고, 상상은 현실을 만든다
제임스 카메론(1954년~현재) ⋯⋯ 98

예술가의 책임은 전쟁의 본질을 묻는 것이다
미야자키 하야오(1941년~현재) ⋯⋯ 108

가장 개인적인 것이 가장 창의적이다
봉준호(1969년~현재) ⋯⋯ 118

참고 문헌 ⋯⋯ 128

머리말

극장의 불이 꺼지고 스크린에 빛이 켜지는 순간, 마법 같은 일이 펼쳐져요. 우리는 바닷속 깊은 곳으로, 별들이 반짝이는 먼 우주로, 아주 오래전 과거나 아직 오지 않은 미래로 이동해 신나는 모험을 하지요. 단 한 장의 영화 티켓만 있으면 우리는 웃고, 놀라고, 눈물을 흘리며 다양한 감정을 경험해요. 그리고 영화가 끝난 뒤 극장 문을 나설 때면 즐거운 경험을 얻은 것에 더해 마음도 한 뼘쯤 자란 것 같은 기분이 들어요.

누구나 가슴속에 '인생 영화' 한 편쯤은 가지고 있을 만큼, 영화는 우리 삶과 아주 가까운 예술이자, 다양한 예술이 어우러져 만들어지는 '종합 예술'이에요. 오랜 시간 동안 영화는 사람들의 삶과 꿈, 그리고 세상을 비추어 왔어요. 어떤 영화는 시대를 비판하고, 어떤 영화는 시대를 담아내며, 영화는 세계 곳곳의 사람들을 하나로 잇는 다리 역할을 해 왔지요.

그렇다면 영화는 어떻게 시작되었을까요? 어떻게 전 세계 사람들이 즐기는 친숙한 대중 예술로 자리 잡았을까요? 이 책은 영화의 탄생부터 현재, 그리고 미래의 모습까지 예측하며 영화의 성장을 담고 있어요. 세계 영화사의 중요한 순간들, 빛나는 감독들, 그리고 그들이 만든 명작을 알게 되면, 영화를 보는 여러분의 안목도 한층 깊어질 거예요.

전 세계 사람들의 마음을 사로잡은 수많은 영화들 속에서, 우리나라 영화도 이제 당당히 빛나고 있어요. 그래서 이 책에는 자랑스러운 우리나라의 영화감독과 작품에 대한 이야기도 실려 있어요.

이 책을 읽는 여러분 가운데 언젠가 멋진 영화감독이 탄생하길 기대하며, 매혹적인 영화의 세계로 초대합니다.

- 안소연

영화는 미래가 없는 발명품이다

오귀스트 뤼미에르(1862년~1954년), 루이 뤼미에르(1864년~1948년)

1895년 12월 28일, 연말연시를 즐기려는 사람들로 북적이는 프랑스 파리. 한 카페 앞에 걸린 푯말이 사람들의 눈길을 끌었어요.
　'뤼미에르 영화 입장료 1프랑'
　"영화? 영화가 뭐지? 1프랑이면 한 번쯤 구경해 볼 만한데?"
　호기심이 생긴 몇몇 사람이 카페로 들어갔어요. 관객이 서른 명 남짓 모이자 두 남자가 무대에 올라 이렇게 말했어요.
　"안녕하십니까! 저희는 뤼미에르 형제입니다. 오늘 여러분은 아주 독특한 경험을 하게 될 것입니다."
　무대의 불이 꺼지며 카페 안은 암흑으로 변했어요. 잠시 뒤 촤르르 영사기 돌아가는 소리와 함께 커다란 스크린에 환한 빛이 퍼졌어요. 커다란 화면에서 움직이는 영상을 본 관객들은 놀라움을 감추지 못했어요.
　이날의 신기한 경험은 입소문을 타고 빠르게 퍼졌고, 1895년 12월 28일은 세계 최초의 영화 상영이 이루어진 역사적인 날이 되었어요. 뤼미에르 형제는 영화 산업에 어떤 영향을 끼쳤을까요?

시네마토그래프의 탄생

"오귀스트, 루이! 이리 와서 보렴. 이게 바로 사진이라는 거다."

뤼미에르 형제의 아버지 앙투안 뤼미에르는 프랑스에서 사진 장비를 만드는 사업가였어요. 사진 기술에 깊은 관심을 가졌던 아버지의 영향으로 뤼미에르 형제도 자연스럽게 사진에 빠져들었어요. 이후 형제는 아버지의 사업을 이어받아 사진 재료를 생산하는 회사를 운영하게 되지요.

어느 날, 뤼미에르 형제의 아버지는 우연히 토머스 에디슨이 발명한 키네토스코프를 보게 되었어요. 키네토스코프는 커다란 나무 상자처럼 생겼는데, 작은 구멍을 통해 들여다보면 녹화된 장면들이 움직였지요.

"정말 놀라운 기계야! 하지만 혼자만 봐야 한다는 게 아쉽군. 오귀스트, 루이! 너희가 이 문제점을 해결해 볼래?"

아버지의 제안에 뤼미에르 형제는 매일 고민하며 연구했어요.

"사진을 움직이게 하면서 동시에 스크린에도 비출 수는 없을까?"

"사진을 스크린에 비출 수 있다면 여러 사람이 동시에 볼 수 있을 텐데."

그러던 어느 날, 동생 루이 뤼미에르가 한 가지 아이디어를 떠올렸어요.

"그래, 재봉틀! 재봉틀에 있는 노루발 원리를 카메라에 적용하는

거야!"

"노루발이라고?"

"맞아, 재봉틀의 노루발은 천을 일정한 속도로 밀어 주잖아? 그 원리를 활용하면 필름을 규칙적으로 이동시킬 수 있을 거야! 필름이 멈출 때마다 셔터가 열리고, 확대된 영상이 스크린에 비춰지는 거지!"

뤼미에르 형제는 새로운 영사기 시네마토그래프를 발명했어요. 시네마토그래프는 에디슨이 발명한 장치의 단점을 보완한 기계였어요. 영상을 촬영할 수 있는 카메라이면서 동시에 대형 스크린에 상영할 수 있다는 점에서 혁신적이었어요. 게다가 가벼워서 휴대하고 이동하기도 쉬웠지요.

시네마토그래프의 발명 소식이 전해지자 세계 각국에서 주문이 밀려들었어요. 뤼미에르 형제는 유럽뿐만 아니라 세계 각지에 기술자를 파견해 영화 상영회를 열었어요.

영화는 미래가 없는 발명품이다

뤼미에르 형제가 만든 영화는 일상생활의 모습을 그대로 담아낸 짧은 기록물이었어요. '공장에서 나오는 활기찬 사람들', '아기가 밥을 먹는 모습', '기차가 플랫폼으로 다가오는 모습' 등 현실의 순간을 생생하게 포착한 작품들이었지요.

〈열차의 도착〉(1895)은 단 50초짜리 짧은 영화였지만 반응은 엄청났어요. 멀리 있던 기차가 점점 가까이 다가오는 장면이 나오자 관객들은 기차가 앞으로 돌진하는 듯한 착각에 빠졌어요. 놀란 사람들은 뒷걸음질을 칠 정도였어요. 이처럼 현실을 있는 그대로 기록하는 영화 장르를 '다큐멘터리'라고 해요. 뤼미에르 형제의 영화는 다큐멘터리의 시작을 알렸어요.

그러나 뤼미에르 형제의 영화 사업은 일찍 한계에 부딪혔어요. 시네마토그래프와 비슷한 기계들이 개발되면서 경쟁이 치열해졌어요.

뤼미에르 형제의 영화 홍보 포스터

엎친 데 덮친 격으로, 파리에서 영화 상영회 도중 대형 화재가 발생해, 사람들은 영화를 위험한 오락물로 여기기 시작했어요. 게다가 일상생활을 단순히 기록하는 뤼미에르 영화에 대한 사람들의 흥미도 점점 줄어들었어요.

"영화는 미래가 없는 발명품이야. 예술이 아니라고!"

뤼미에르 형제는 영화 산업의 미래를 과소평가했어요. 영화를 한때의 유행일 뿐이라 생각한 형제는 결국 영화 사업을 접고 다른 분야로 눈을 돌렸어요. 비록 영화 산업에서 물러났지만, 형제는 시네마토그래프를 개발했고 다큐멘터리 영화의 시작을 알렸어요. 뤼미에르 형제는 영화 산업이 출발하는 데 결정적인 역할을 했답니다.

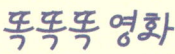 똑똑똑 영화

토머스 에디슨과 키네토스코프

　미국의 발명가 토머스 에디슨은 소리를 녹음해 들려주는 축음기로 돈을 벌면서, 만약 움직이는 사진까지 보여 줄 수 있다면 더 큰돈을 벌 수 있을 거라고 생각했어요.

　그래서 에디슨은 여러 장의 사진을 빠르게 이어 붙이면 마치 움직이는 것처럼 보이는 원리를 이용해 키네토스코프(Kinetoscope)를 발명했어요. 키네토스코프는 작은 구멍에 눈을 대고 짧은 영상을 감상하는 기계였어요. 하지만 단점도 있었어요. 한 번에 한 사람만 볼 수 있고, 크고 무거워 쉽게 옮길 수도 없었지요.

　에디슨은 키네토스코프를 개인 감상용 장치로만 활용했어요. 그 결과 다른 발명가들이 이 기계를 모방해 더 가볍고, 여러 사람이 함께 볼 수 있는 새로운 영사기를 개발하게 되었어요. 결국 에디슨을 비롯한 여러 사람들의 발명과 개선 덕분에 영화가 탄생할 수 있었답니다.

에디슨이 발명한 키네토스코프

마술도 꿈도 없이 살아갈 수 있는 자가 어디에 있는가?

조르주 멜리에스(1861년~1938년)

　영화 속에서 환상의 세계가 처음 등장한 것은 언제였을까요?

　조르주 멜리에스의 <달나라 여행>(1902)은 최초로 특수 효과를 사용한 SF 영화랍니다. 영화 속에는 천문학자들이 등장해요. 천문학자들은 커다란 대포 속에 우주선을 넣고 발사하여 달나라로 향해요. 달에 도착한 천문학자들은 신나게 탐험을 즐기지만, 외계인에게 붙잡히고 우여곡절 끝에 탈출하여 다시 지구로 돌아오게 되지요. 14분가량의 영화는 지구 밖 세상으로 가고 싶은 인간의 꿈을 코믹하면서도 신비롭게 표현했어요.

　영화는 기발한 상상력을 마술 같은 특수 효과로 표현했지요. 조르주 멜리에스는 어떻게 영화에 마술 효과를 넣을 수 있었을까요?

영화의 마술사, 조르주 멜리에스

　1895년 12월 28일, 뤼미에르 형제가 프랑스의 한 카페에서 최초의 영화를 상영한 날, 관객들은 모두 놀라움을 감추지 못했어요. 그중에서도 유난히 큰 충격에 빠진 한 남자가 있었어요. 영화에 넋이 나간 듯 한참 동안 입을 벌린 채 있던 사람이 바로 조르주 멜리에스예요.
　"바로 저거야! 저 기계를 손에 넣어야겠어!"
　멜리에스는 상영회가 끝나자마자 뤼미에르 형제에게 달려가 말했어요.
　"선생님, 저 기계를 저에게 팔 수 없겠습니까?"
　그러나 뤼미에르 형제는 단호하게 거절했어요.
　"아니요. 저희는 기계를 팔 생각이 없습니다."

멜리에스는 포기하지 않았어요. 멜리에스는 영국의 발명가에게서 미완성 영사기를 산 후 오랜 연구 끝에 자신만의 영사기를 완성했지요.

멜리에스가 영사기에 관심을 보인 데에는 이유가 있었어요. 그는 원래 재능 넘치는 마술사였거든요. 어린 시절 꼭두각시 인형에 반했던 멜리에스는 점차 마술의 세계로 빠져들었고, 작은 마술 극장을 사들여 직접 공연을 펼치고 있었어요. 멜리에스는 뤼미에르 형제의 영화를 본 순간, 영화가 단순한 기술이 아니라 마술을 뛰어넘는 강력한 매체라는 것을 단박에 깨달았어요.

그렇게 탄생한 영화 〈사라진 여인〉(1896)에서는, 귀부인이 의자에 앉아 있다가 순식간에 사라지고 대신 해골이 덩그러니 등장하는 마

이럴 수가!
귀부인이
해골로 변했어!

술 같은 장면이 펼쳐졌어요. 관객들은 깜짝 놀라면서도 웃음을 터뜨렸어요.

"하하하, 너무 웃기면서도 기괴해."

멜리에스 특유의 엉뚱하면서도 기묘한 영화에 사람들은 열광했어요.

어느 날, 멜리에스는 거리에서 자동차를 촬영하던 중 뜻밖의 현상을 발견했어요.

"이런! 카메라가 멈춘 줄도 모르고 계속 찍고 있었잖아!"

카메라가 꺼진 것을 모른 채 촬영을 이어 갔던 멜리에스는 집으로 돌아와 필름을 돌려 보다가 놀라운 사실을 발견했어요.

"자동차가 갑자기 다른 차로 변한 것처럼 보여! 마치 마법을 부린 것처럼 말이야."

촬영 중 카메라가 멈췄다가 다시 작동하면서, 이전 장면과 새로운 장면이 자연스럽게 이어지는 효과가 생긴 것이었어요. 이것이 바로 영화 편집의 시작이었어요.

"영화로 꿈과 마법의 세계를 만들 수 있어!"

멜리에스는 영화의 마법 같은 가능성을 발견했어요. 그는 수많은 실수를 거듭하며 새로운 영화 기법을 시도했어요. 장면을 자연스럽게 전환해 시간의 흐름과 장소의 변화를 표현하기도 하고, 한 화면에 여러 영상을 겹쳐 보여 주기도 했어요. 한 인물을 복사해 여러 명으로 만들기도 했지요. 실제로 촬영하기 어려운 것들은 미니어처를 사용해 환상적이고 역동적인 장면을 만들었어요. 무대 마술을 사랑했던 멜리에스는 환상적인 영화 속 세계를 창조하는 '영화의 마술사'로 거듭나게 되었지요.

마술도 꿈도 없이 살아갈 수 있는 자가 어디에 있는가?

멜리에스는 자신만의 영화 스튜디오를 만든 뒤, 직접 각본을 쓰고 연출하고 배우로 출연하면서 무려 500여 편의 영화를 만들었어요. 그가 만든 세계 최초의 SF 영화 〈달나라 여행〉은 해외에서도 큰 인기를 얻었어요. 그러나 미국의 몇몇 영화 제작자들이 〈달나라 여행〉을 불법으로 복제해 사용하면서 멜리에스는 정당한 이익을 얻지 못하게 되었어요. 그러면서 그의 영화 스튜디오는 다른 제작사에 넘어갔고, 제1차 세계대전(1914~1918) 중 많은 작품이 사라지는 비극을 맞이했어요. 노년이 된 멜리에스는 장난감과 사탕을 팔며 생계를 이어 갔어요.

"마술도 꿈도 없이 살아갈 수 있는 자가 어디에 있는가?"

멜리에스의 마술적인 상상력과 꿈이 담긴 작품들은 뒤늦게

〈달나라 여행〉의 한 장면

큰 인정을 받아요. 멜리에스는 SF 공상 과학 영화뿐 아니라 다큐멘터리, 코미디, 역사, 공포, 드라마, 판타지 등 다양한 장르를 개척하며 현대 영화의 토대를 만들었어요. 그가 개발한 촬영과 편집 기법은 후대 감독들에게 큰 영향을 주었고, 특수 효과 기법은 오늘날 영화 시각 효과의 기초가 되었어요. 실제로 그의 특수 효과 기법은 〈해리포터〉 시리즈 같은 판타지 영화에서 마법 장면을 만들 때 활용되었어요.

조르주 멜리에스는 단순한 기록 매체에 불과했던 영화를 마술과 환상의 세계로 넓혀 갔어요. 그의 상상력과 기술은 영화가 예술로 발전하는 데 결정적인 역할을 했답니다.

똑똑똑 영화

영화의 다양한 기법들

조르주 멜리에스는 다양한 영화 기법과 특수 효과를 활용해 마법 같은 장면을 만들어 냈어요. 조르주 멜리에스가 고안한 기법은 발전을 거듭하며 오늘날의 SF 영화나 판타지 영화에서도 중요한 역할을 하고 있답니다.

조르주 멜리에스

* **점프 컷** 같은 크기의 장면을 이어 붙여, 사물이나 인물이 갑자기 변하거나 사라지는 것처럼 보이게 하는 기법이에요.

* **스플라이싱** 필름을 잘라서 다시 이어 붙여, 순식간에 사람이 사라지거나 등장하는 효과를 줄 수 있어요.

* **디졸브** 한 장면이 서서히 사라지면서 다른 장면이 자연스럽게 나타나게 하는 기법으로, 시간이 흐르거나 공간이 바뀌었음을 표현할 때 자주 사용돼요.

* **이중 노출** 두 개의 이미지를 겹쳐서 촬영하는 방법으로, 환상적인 분위기를 만드는 데 쓰여요.

* **스톱모션** 인형이나 소품을 조금씩 움직이며 촬영한 뒤 이어 붙여, 스스로 움직이는 것처럼 보이게 하는 기법이에요.

* **매트 페인팅** 실제 배경 대신 그림을 그려 촬영 장면과 합치는 기법으로, 현실에 없는 공간이나 배경을 창조할 수 있어요.

인생은 가까이서 보면 비극이지만 멀리서 보면 희극이다

찰리 채플린(1889년~1977년)

짙은 눈썹, 커다란 눈, 작은 콧수염, 챙이 둥근 모자, 꽉 끼는 재킷, 펑퍼짐한 바지 그리고 손에 든 지팡이. 찰리 채플린이 연기한 '떠돌이' 캐릭터의 모습이에요. 떠돌이 캐릭터는 등장하자마자 선풍적인 인기를 끌며 찰리 채플린을 세계적인 스타로 만들었어요.

독특한 표정과 과장된 동작이 특징인 떠돌이는 가난하지만 긍정적이고 유머가 넘치는 인물이에요. 찰리 채플린은 소리가 들리지 않던 무성 영화 시대에 눈빛과 몸짓만으로 관객들에게 깊은 감정을 전달했지요.

"인생은 가까이서 보면 비극이지만 멀리서 보면 희극이다."

웃음 속에 감춰진 진한 슬픔을 표현한 떠돌이 캐릭터가 지금까지도 사랑받는 이유는 무엇일까요?

떠돌이 캐릭터의 탄생

찰리 채플린은 어릴 때부터 춤과 노래에 뛰어난 재능을 보였어요. 극장 가수였던 아버지와 배우였던 어머니의 영향이 컸지요. 찰리 채플린은 다섯 살 어린 나이에 무대에 올라 춤과 노래를 선보이며 사람들을 놀라게 했어요.

"저 꼬마, 기대 이상인걸! 춤 솜씨가 대단해!"

찰리 채플린은 아홉 살 무렵 아동 극단 단원으로 활동하며 무대 경험을 쌓았어요. 관객들은 그의 춤과 연기에 박수를 보냈지만 채플린의 어린 시절은 순탄하지 않았어요. 아버지가 일찍 세상을 떠나고, 어머니마저 병을 앓으면서 채플린은 극심한 가난에 시달려야 했어요. 빈민 시설을 전전하며 어린 시절을 보냈고, 신문 판매원, 인쇄소 직원 등 닥치는 대로 일하며 청소년기를 보냈어요.

그러나 채플린은 가난 속에서도 배우의 꿈을 포기하지 않았고, 마침내 한 연극에서 신문팔이 역을 맡으며 연기할 기회를 얻게 돼요.

"드디어 연기를 할 수 있게 되었어! 최고의 연기를 보여 줄 거야!"

채플린은 단 3일 만에 대사를 모두 외웠고, 뛰어난 표현력과 대본 해석 능력 덕분에 연기자로 주목받기 시작했어요.

"저 배우 정말 술주정뱅이 같아! 연기가 아니라 진짜 같은데!"

채플린은 말이나 소리 없이 몸짓과 표정만으로 감정을 전달하는 팬터마임에 재능이 있었어요. 관찰력이 뛰어났던 채플린은 사람들

의 특징을 파악해 독특한 연기를 선보였어요. 채플린은 영국 곳곳을 돌며 공연했고, 그의 연극은 늘 인기를 끌었어요.

"기회의 땅, 미국으로 가 더 큰 무대에서 연기할 거야!"

스물네 살이 되던 해, 찰리 채플린은 미국의 영화사와 계약을 맺고 할리우드로 떠났어요.

〈메이블의 이상한 곤경〉(1914)이라는 영화를 찍을 때였어요. 촬영 중에 감독이 찰리 채플린에게 한 가지 제안을 했어요.

"찰리, 우스운 분장을 하고 나와 봐!"

채플린은 영화사 의상 창고에 들어가 몇 시간 동안 이것저것을 뒤지며 고민했어요.

"우스운 분장이라, 부자연스럽고 엉뚱한 모습이 좋을 것 같아."

헐렁한 바지와 꽉 끼는 재킷, 낡은 구두, 콧수염, 중절모에 팔자걸음으로 나온 채플린을 보고 사람들은 깜짝 놀랐어요. 완전히 새로운 인물이었거든요. 뒤뚱거리는 걸음걸이와 독특한 몸짓에 사람들은 폭소를 터뜨렸어요. 바로 그 유명한 떠돌이 캐릭터가 탄생한 순간이었어요.

"코미디 영화계에 괴물이 나타났어!"

떠돌이 캐릭터는 방랑자이면서도 품위를 잃지 않는 신사였고, 모험과 사랑을 꿈꾸는 외톨이였어요. 이 캐릭터는 찰리 채플린의 영화 〈모던 타임스〉(1936)까지 20여 년 동안 전 세계적인 인기를 누렸어요. 찰리 채플린이 연기한 떠돌이는, 때로는 경찰에게 쫓기고, 우스꽝스러운 실수로 곤경에 처하고, 엉뚱한 사건에 휘말리지만 늘 웃음을 잃지 않아요. 사랑 앞에서는 한없이 순수하고요. 관객들은 이런 떠돌이 캐릭터에 연민과 애정을 가질 수 있었고, 지금까지도 찰리 채플린을 대표하는 상징이 되었지요.

"웃음 뒤에 눈물을 감춘 희극이 성공할 거야. 나는 희극과 비극이 함께하는 영화를 만들고 싶어."

찰리 채플린은 불운한 현실 속에서도 희망을 말하는 코미디를 원했어요. 그는 넘어져도 다시 일어나는 사람들의 모습을 영화에 담으며 삶의 비극을 유머로 극복하고자 했지요.

영화 〈키드〉(1921)는 떠돌이 찰리가 버림받은 아이를 키우며 벌어지는 이야기를 담고 있어요.

무성 영화 시대를 대표하는 배우이자 감독

 1890년대 후반부터 1920년대 후반까지, 영화에는 대사나 소리가 없었어요. 그래서 무성 영화 시대에는 시각적인 표현 기법이 발전할 수밖에 없었어요. 영화인들은 소리 없이도 효과적으로 이야기를 전달하기 위해 자막을 넣거나, 극장에서 오케스트라 음악을 연주했어요. 또한 과장된 몸짓과 표정을 활용한 연기를 시도하는 등 다양한

방법을 고민했어요. 천재적인 관찰력과 표현력을 지닌 찰리 채플린은 무성 영화 관객들의 마음을 사로잡는 데 안성맞춤이었지요.

1927년, 영화 역사상 최초로 배우의 대사와 노래가 녹음된 유성 영화가 등장했어요. 사람들은 이제 무성 영화의 시대는 끝났다고 여겼어요. 그러나 찰리 채플린은 달랐어요.

"영화에 음성이 들어가면 예술성이 파괴됩니다."

찰리 채플린은 유성 영화가 영화의 예술적 표현을 방해한다고 생각했기 때문에 무성 영화 형식을 고집했어요. 유성 영화 시대가 시작되었음에도 채플린은 무성 영화 형식으로 〈모던 타임스〉를 만들었어요.

채플린은 대사 없이도 감정이 충분히 전달된다고 믿었고, 오히려 더 깊은 울림을 줄 수 있다고 생각했어요. 채플린의 생각대로 관객들은 대사 없이도 웃고 울며 영화의 메시지를 정확하게 이해했어요.

〈위대한 독재자〉

찰리 채플린은 〈모던 타임스〉에서는 무성 영화 형식을 유지했지만 〈위대한 독재자〉(1940)에서는 본격적으로 유성 영화 방식을 도입했어요. 〈위대한 독재자〉는 독재자를 비판하고 전쟁을 반대하는 내용을 담고 있어요.

또 〈모던 타임스〉는 당시 사회의 모습을 날카롭게 묘사했어요. 자본주의 사회의 문제점을 꼬집으며 산업화로 인해 인간성을 잃어 가는 현실을 비판한 작품이지요. 비극 속에서도 낙천적인 태도를 잃지 않는 주인공이 등장하는 〈모던 타임스〉는 걸작으로 평가받으며 큰 성공을 거두었어요.

〈모던 타임스〉 포스터

몸짓과 표정만으로 전 세계 관객과 소통했던 찰리 채플린. 그는 무성 영화의 예술성을 최대로 끌어올린 위대한 예술가로 사람들의 마음속에 남았답니다.

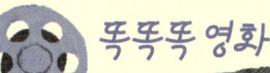 똑똑똑 영화

팬터마임과 슬랩스틱 코미디

    찰리 채플린은 몸짓만으로 감정을 전달하는 팬터마임과 과장된 몸동작으로 웃음을 만드는 슬랩스틱 코미디의 천재였어요.

    팬터마임은 말 없이 몸짓과 표정만으로 이야기를 전하는 연극 기법이에요. 정교한 신체 표현을 활용하기 때문에 언어가 달라도 누구나 이해할 수 있다는 장점이 있어요.

    슬랩스틱 코미디는 과장된 행동과 사고 장면을 활용해 웃음을 주는 희극이에요. 예를 들어, 바나나 껍질을 밟고 아주 과장되고 우스꽝스럽게 넘어지는 장면이 대표적이에요. 현실에서는 위험할 수 있는 동작들이 영화 속에서는 재미있게 표현되지요.

    찰리 채플린은 이 두 가지 기법을 자연스럽게 섞어 독창적인 코미디를 만들어 냈어요. 지금도 개그 프로그램이나 애니메이션에서 슬랩스틱 코미디가 자주 사용되는 걸 보면, 찰리 채플린의 영향력이 얼마나 큰지 알 수 있겠지요?

찰리 채플린의 영화가 상영되는 극장 앞의 풍경

내 영화의 진정한 주인공은 땅이다

존 포드(1894년~1973년)

미국 역사에서 이민자들과 금광을 찾는 사람들이 서부로 몰려들던 시기를 '서부 개척 시대'라고 해요. 이때 새로운 삶의 터전을 찾아온 백인 이주민들은 원주민인 인디언들과 갈등을 겪었지요. 서부 개척 시대를 배경으로 백인과 원주민의 대립과 갈등을 그린 영화를 '서부극' 또는 '서부 영화'라고 불러요.

서부극에서는 총성이 울려 퍼지고, 카우보이와 인디언이 숨 막히는 추격전을 벌여요. 서부극의 거장 존 포드는 험준한 바위와 끝없이 펼쳐진 대지를 아름답게 담아낸 감독으로 유명해요.

"내 영화의 진정한 주인공은 땅이다."

존 포드는 미국 서부의 붉은 바위 계곡과 광활한 자연을 아름답게 그려 냈어요. 또한 미국의 역사와 개척 정신을 흥미롭게 표현했지요. 존 포드는 어떻게 서부극의 거장이 되었을까요?

존 포드와 할리우드 시스템의 탄생

　존 포드는 아일랜드 이민자 가정에서 태어났어요. 어린 시절, 존 포드는 공부보다는 그림 그리기에 더 관심이 많았어요. 학교에 가면 맨 뒷자리에 앉아서 카우보이나 인디언 그림을 그리곤 했어요.

　"포드, 또 카우보이 그림을 그리고 있니? 수업에 집중해야지!"

　공부할 때는 꾸지람을 들었지만, 미식축구를 할 때면 강한 체력과 투지를 보여서 '황소'라는 별명을 얻기도 했어요.

　대학에 진학했지만 몇 주 만에 자퇴한 포드는 배우이자 감독으로 활동하던 형을 따라 할리우드로 향했어요. 할리우드에서 세트장 심부름, 소품 담당 일을 하면서 어깨너머로 영화 제작을 배웠어요.

　여러분은 할리우드가 어떤 곳인지 알고 있나요? 아카데미 시상식이 열리고 유명 배우의 손도장과 발도장이 찍힌 스타의 거리가 있는 곳이에요. 로스앤젤레스 산 중턱의 'HOLLYWOOD' 간판으로도 유

명해요. 할리우드는 미국 영화 산업을 상징하는 곳이자 전 세계 영화인의 꿈이 모이는 곳이랍니다.

그런데 프랑스에서 탄생한 영화가 어떻게 바다 건너 미국 할리우드에서 꽃을 피우게 되었을까요? 프랑스에서 영화가 처음 상영된 이후, 영화 상영업자들은 영화의 흥행 가치를 발견했어요. 그들은 프랑스뿐 아니라 미국의 여러 도시를 떠돌며 보드빌 극장, 박람회장, 행사장 등에서 영화를 상영했어요. 새로운 볼거리를 원하는 사람들 덕분에 영화 산업은 점점 성장했어요. 하지만 영화 상영업자들에게는 큰 고민이 있었어요.

"영화 전용 극장이 있다면, 영사기를 들고 이리저리 떠돌아다닐 필요가 없을 텐데."

"필름을 매번 비싸게 살 게 아니라, 저렴하게 빌릴 수 있다면 좋을 텐데."

영화 필름과 영사기를 들고 도시를 떠돌아다니는 일은 결코 쉽지 않았거든요. 그러던 중 1905년, 미국 최초의 영화 전용 극장 '니켈로디언'이 탄생했어요. 입장료가 니켈로 만들어진 5센트 동전 한 개였기 때문에 붙은 이름이었지요. 니켈로디언 극장은 순식간에 퍼져 나갔고, 미국 전역에 5천 개가 넘는 영화관이 금세 생겨났어요.

게다가 제1차 세계대전으로 유럽에서는 영화를 즐기기 어려웠지만, 미국은 전쟁의 영향을 덜 받아 영화 시장이 빠르게 성장했어요.

초기에는 뉴욕과 시카고 같은 미국 동부 도시들이 영화 산업의 중심이었어요. 하지만 겨울에 너무 춥다는 게 단점이었어요.

"일 년 내내 기온이 온화한 곳을 찾아야겠어."

영화 제작자들은 기후가 따뜻하고 땅값과 인건비가 싼 캘리포니아로 눈을 돌렸어요. 캘리포니아에 영화 스튜디오가 들어서면서, 이 지역은 점점 영화 산업의 중심지로 성장했어요. 영화 제작부터 배급, 상영까지 한곳에서 이루어지는 '할리우드 스튜디오 시스템'이 갖추어지면서, 영화를 효율적으로 제작하고 대량으로 배급할 수 있는 체계가 마련되었어요. 이러한 변화 속에서 스타 배우와 유명 감독이 등장했고, 흥미로운 이야기와 연기력을 강조하는 할리우드 영화 스타일이 생겨났어요. 그리고 할리우드는 누구나 인정하는 세계 영화의 중심지가 되었어요.

서부극의 예술성을 끌어올린 거장

어느 날, 한 영화 제작자가 소품 담당자로 일하던 포드를 눈여겨보았어요. 당시 포드는 할리우드에서 영화에 출연할 카우보이들을 관리하는 역할을 맡고 있었는데, 그의 강한 지도력과 힘찬 목소리는 제작자의 눈길을 끌기에 충분했어요.

"포드 저 친구, 목소리가 참 우렁차군."

마침 서부극 감독을 찾고 있던 제작자는 포드의 성격과 지도력을 높이 평가하며, 그가 서부극 감독에 딱 맞는 인물이라 생각했어요.

존 포드는 몇 편의 무성 서부극을 감독했어요. 괴팍한 성격이었지만 할리우드 시스템에 맞춰 영화를 잘 만들었고, 흥행 성적도 꽤 좋았거든요. 그러나 유성 영화의 시대가 시작되면서 무성 서부극은 점차 힘을 잃기 시작했어요. 영화에 소리가 들어가면서 제작 방식과 이야기 전개 방식에도 변화가 필요했기 때문이었죠.

그러나 1930년대 중반 이후, 정교한 녹음 기술과 이동이 쉬운 카메라가 개발되면서 서부극도 다시 활기를 띠기 시작했어요.

"유성 서부극에 걸맞은 이야기가 무엇일까?"

영화 〈수색자〉의 포스터 　　　　　　　〈수색자〉, 〈역마차〉의 주연 배우 존 웨인

　존 포드는 유성 영화의 특징을 이해하고, 그에 어울리는 이야기를 만들고자 했어요. 그의 손에서 새로운 서부극이 탄생했죠. 〈역마차〉(1939)는 유성 서부극의 기준을 세우며, 서부극을 예술적 경지로 끌어올렸다는 평가를 받아요. 이전의 서부극이 단순한 총격전에 집중했다면, 〈역마차〉는 인물 간의 갈등을 깊이 있게 다뤄 서부극의 수준을 한 단계 높였어요.

　〈수색자〉(1956)는 장엄한 붉은 바위 계곡을 배경으로, 인디언에게 납치된 소녀를 구출하기 위한 수년 간의 여정을 그린 작품이에요.

미국 서부의 아름다운 풍경뿐 아니라 인물의 복잡한 내면까지 섬세하게 담아내며 예술적 가치를 인정받았어요.

 존 포드는 서부 개척 시대뿐만 아니라, 미국 사회의 변화와 인간관계를 깊게 탐구한 감독이었어요. 서부극의 성공적인 공식을 만들고 예술성을 끌어올린 거장, 존 포드. 그는 할리우드의 황금기를 이끌며 미국의 역사와 가치를 영화 속에 담아냈답니다.

존 포드 서부극의 주요 배경이 된 모뉴먼트 밸리

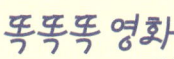 똑똑똑 영화

미국 할리우드 스튜디오 시스템

영화가 관객들에게 전달되기까지는 제작, 배급, 상영이라는 세 단계가 필요해요. 제작 단계에서는 감독과 배우, 제작진이 힘을 모아 영화를 만들어요. 그다음 배급 단계에서는 완성된 영화를 극장이나 TV, 온라인 플랫폼 등에 제공해요. 마지막으로 상영 단계에서는 영화가 극장 등을 통해 실제로 관객들에게 상영되죠.

1911년, 할리우드에 처음으로 영화 스튜디오가 만들어졌어요. 그리고 1920년대부터 대형 스튜디오들이 제작, 배급, 상영을 모두 독점하는 '할리우드 스튜디오 시스템'이 발전하기 시작했어요. 이 시스템 덕분에 할리우드 영화 산업은 빠르게 성장했어요.

오늘날에는 과거와 같은 독점적인 시스템은 사라졌지만, 여전히 할리우드의 대형 스튜디오들은 영화뿐만 아니라 음악, TV, 게임 등 대중문화 전반에 큰 영향을 미치고 있어요.

할리우드의 유니버설 스튜디오

꿈꾸고, 믿고, 도전하라
월트 디즈니 (1901년~1966년)

여러분이 가장 좋아하는 애니메이션 캐릭터는 누구인가요? 미키 마우스, 도널드 덕, 백설공주, 신데렐라, 뮬란, 엘사, 니모, 라따뚜이, 피터 팬, 후크 선장, 기쁨이와 슬픔이……. 이 중 단 하나를 고르기는 쉽지 않지요. 이러한 애니메이션 주인공들은 우리에게 꿈과 환상의 세계를 선물해 주었기 때문이죠. 많은 이들에게 사랑받아 온 이 캐릭터들은 어디에서 시작되었을까요? 그 모든 꿈의 출발점에는 월트 디즈니의 상상력이 있었어요.

"꿈꾸고, 믿고, 도전하라!"

월트 디즈니에게 불가능이란 없었어요. 그의 도전 정신과 창의성은 애니메이션을 전 세계 대중문화의 중심으로 성장시켰어요. 믿고 도전하며 꿈을 현실로 만들었던 월트 디즈니. 그가 전 세계 대중문화에 남긴 업적은 무엇일까요?

불가능한 일을 해내는 것은 재미있는 일이다

월트 디즈니는 가난한 집안에서 태어났어요. 디즈니의 형제들은 어릴 때부터 부모님을 도와 농사를 짓고 가축 돌보는 일을 해야 했지요. 하지만 디즈니는 농사일보다 그림 그리는 일을 훨씬 더 좋아했어요.

"이 녀석, 너 또 석탄으로 그림 그리고 있냐?"

어린 디즈니는 타다 남은 나무 막대기로 집 벽이나 땅바닥에 그림을 그리곤 했어요. 아버지는 그런 디즈니를 꾸짖었지만 형 로이는 달랐어요.

"나는 네 그림이 참 좋아. 네가 계속 그림을 그리면 좋겠어."

형의 따뜻한 격려 덕분에 디즈니는 그림에 대한 꿈을 포기하지 않았어요. 학교에 갈 나이가 되었지만, 디즈니는 학업과 일을 동시에 해야 했어요. 새벽에는 신문을 배달하고 방과 후에는 약국 심부름을 하는 등 닥치는 대로 일하며 돈을 벌어야 했지요.

"저도 친구들처럼 방과 후에는 그림도 그리고 놀고 싶어요."

하지만 아버지는 어린 디즈니를 닦달하며 혼냈어요.

"우리처럼 가난한 형편에 무슨 배부른 소리냐! 당장 돈 벌러 나가지 못해!"

디즈니는 스스로 번 돈으로 미술 도구를 사고, 틈나는 대로 책을 읽으며 그림을 그렸어요. 고등학생이 된 후에는 신문에 삽화를 그리며 만화가의 꿈을 키워 나갔지요. 하지만 아버지는 그의 꿈을 반대했어요.

"무슨 만화가야! 만화가는 안 된다."

"아버지, 저는 제가 정말 하고 싶은 일을 하며 살고 싶어요."

제1차 세계대전이 일어나자 디즈니는 이때야말로 아버지로부터 독립할 기회라 여겼어요.

"아버지, 저는 자원입대를 하겠습니다."

"뭐라고? 제 발로 그 무시무시한 전쟁터에 가겠다고? 절대 안 된다!"

아버지의 반대에도 불구하고 디즈니는 아버지의 서명을 위조해 입대 동의서를 제출했어요. 군대에서 운전병으로 복무하는 동안, 동료들의 얼굴을 캐리커처로 그려 주기도 하고 미국 잡지사에 풍자만화를 꾸준히 보냈어요. 전쟁이 끝난 후, 디즈니는 본격적으로 애니메이션 업계에 발을 들이게 돼요. 광고 회사에서 일하기 시작한 그는 자신만의 애니메이션 세계를 개척해 나가기 시작했어요.

꿈을 향한 끊임없는 도전

월트 디즈니는 여러 애니메이션 회사를 거친 뒤, 결국 자신의 회사를 세우기로 결심했어요.

"로이 형, 애니메이션을 내가 직접 만들고 싶어. 돈을 좀 지원해 줄 수 있어?"

"네가 원한다면 기꺼이 도와줄게."

디즈니는 형 로이와 함께 디즈니 스튜디오를 세우고 밤낮없이 단편 애니메이션을 제작했어요. 완성된 애니메이션을 영화관에서 상영하려면 반드시 배급사를 거쳐야 하기에 디즈니는 할리우드의 거대 배급사인 유니버설 스튜디오를 찾아갔어요.

"죄송하지만, 저희가 원하는 애니메이션이 아니네요. 토끼가 나오는 애니메이션을 만들어 줄 수 있나요?"

스튜디오의 담당자는 디즈니의 애니메이션을 거절했어요. 힘겹게 만든 작품이 거절당했지만 좌절하지 않았어요. 디즈니는 고민 끝에 새로운 캐릭터, 검은 토끼 '오스왈드'를 창조했어요. 오스왈드가 나오는 단편 애니메이션 〈전차 사건〉(1927)은 큰 인기를 누렸어요.

"드디어 성공이다!"

〈증기선 윌리〉의 포스터

하지만 기쁨도 잠시 디즈니는 배급사와의 계약 관계로 인해 오스왈드의 저작권을 되찾을 수 없었어요. 억울하고 분했지만 디즈니는 마음을 다잡았어요.

"누구에게도 저작권을 빼앗기지 않을 새로운 주인공을 만들 거야."

디즈니는 이를 악물고 새로운 캐릭터를 창조해 냈어요. 이렇게 탄생한 캐릭터가 바로 '미키 마우스'예요. 미키 마우스를 주인공으로 만든 단편 애니메이션 〈증기선 윌리〉(1928)는 엄청난 성공을 거두어요. 하지만 디즈니는 여기서 만족하지 않았어요.

"애니메이션에 소리를 입힌다면 사람들이 훨씬 더 좋아할 거야."

디즈니는 음성이 들어간 애니메이션을 만드는 데 큰돈을 투자했어요. 디즈니의 추진력으로 만든 음성 애니메이션도 성공을 거두면서 미키 마우스는 디즈니를 대표하는 캐릭터가 되었어요.

디즈니는 단편 애니메이션에서 더 나아가 색채 애니메이션, 장편 애니메이션에도 도전했어요. 10분 남짓한 단편 애니메이션을 제작하다가 상영 시간이 80분에 달하는 장편 애니메이션을 만드는 일은 쉽지 않았어요.

하지만 디즈니는 스케치를 꼼꼼하게 검토하고 줄거리를 끊임없이 수정하면서 장편 애니메이션 제작에 몰두했어요. 그렇게 탄생한 최초의 장편 애니메이션 〈백설공주와 일곱 난쟁이〉(1937)는 대공황 시기에 개봉했음에도 불구하고 흥행에 크게 성공했어요. 이 작품은 이후 장편 애니메이션 영화가 하나의 영화 장르로 자리 잡는 데 중요한 역할을 했지요.

월트 디즈니

꿈꾸는 한 불가능은 없다, 디즈니랜드의 탄생

디즈니는 끊임없이 새로움을 시도하며 애니메이션의 한계를 넓혀 갔어요. 〈피노키오〉(1940)에서는 애니메이션 최초로 특수 효과를 도입했고, 〈판타지아〉(1940)에서는 애니메이션에 클래식 음악을 결합시켰어요.

디즈니의 애니메이션은 감동적인 이야기와 개성 넘치는 캐릭터, 아름다운 음악으로 전 세계 어린이들의 마음을 사로잡았어요. 하지만 디즈니의 꿈은 여기서 멈추지 않았어요.

"디즈니의 모든 캐릭터가 살아 숨 쉬는 놀이공원을 만들고 싶어."

디즈니의 바람대로 1955년, 온 가족이 함께 즐길 수 있는 디즈니랜드가 문을 열었어요. 디즈니랜드는 단순한 놀이공원을 넘어 전 세계 관광객들의 사랑을 받는 꿈과 마법의 공간이 되었어요. 디즈니의 손끝에서 시작된 상상은 오늘날에도 수많은 사람들에게 희망과 사랑을 전하고 있답니다.

미국의 디즈니월드

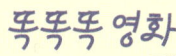

똑똑똑 영화

애니메이션은 어떻게 시작되었을까?

애니메이션의 역사는 영화보다 더 오래되었어요. 사람들은 오래전부터 그림이 움직이는 것처럼 보이게 만드는 방법을 연구해 왔거든요.

19세기 초에 발명된 '소마트로프'는 동그란 종이 양면에 서로 다른 그림을 그리고 빠르게 돌리면 두 그림이 합쳐지는 것처럼 보이는 장치였어요. '조이트로프'는 원통 안쪽에 연속된 그림을 그려 원통을 회전시키면 그림이 살아 움직이는 것처럼 보이게 만들었지요. 또 여러 장의 그림을 한 장씩 넘겨 가며 움직임을 표현하는 '플립북'도 발명되었어요.

19세기 말, 뤼미에르 형제가 영화를 발명하면서 애니메이션도 새롭게 발전했어요. 프랑스의 에밀 콜(1857~1938)은 그림을 한 장씩 촬영하여 이어 붙이는 방식으로, 세계 최초의 애니메이션 영화 〈판타스마고리〉(1908)를 만들었어요. 1920년대가 되면서 애니메이션 영화는 점점 대중화되었지요. 이런 흐름 속에서 월트 디즈니는 애니메이션을 단순한 오락이 아닌 하나의 예술로 발전시켰어요.

조이트로프

영화가 시작되면, 음산한 음악과 함께 출입 금지 푯말이 붙은 철조망이 보입니다. 그 너머의 거대한 저택은 황량하고 으스스한 분위기를 자아내지요. 어둠이 깔린 저택 창문 너머 한 남자가 유리 볼을 쥐고 있어요. 그는 힘겹게 마지막 한마디를 내뱉습니다.

"로즈버드."

그리고 손에 쥐고 있던 유리 볼이 바닥에 떨어지며 산산조각이 납니다. 남자가 마지막으로 남긴 '로즈버드'의 의미는 무엇일까요? 이 수수께끼는 관객의 호기심을 자극하며, 영화 <시민 케인>(1941)을 영화 역사상 가장 위대한 작품 중 하나로 만들었어요.

"영화를 만드는 것은 최고의 장난감 세트를 받는 것과 같다."

오슨 웰스는 영화 제작을 마치 장난감을 갖고 노는 것처럼 창의적이고 실험적인 과정으로 여겼어요. 오슨 웰스의 첫 장편 영화 <시민 케인>이 미국 할리우드 영화 문법을 완성한 걸작으로 평가받는 이유는 무엇일까요?

세상을 뒤집어 놓은 라디오 극장, 〈우주 전쟁〉

1938년 어느 저녁, 미국의 거리는 퇴근하는 사람들로 분주했어요. 사람들은 중요한 볼일이 있는 듯 바쁜 걸음을 재촉했어요.

"오늘 라디오 극장 하는 날이야. 어서 서둘러."

"매일 라디오 듣는 낙으로 사는데 절대 놓칠 수 없죠."

1930년대 대공황의 여파로 미국인들의 삶은 무척이나 궁핍했어요. 당시 사람들에게 큰 위안이 된 것은 라디오 방송이었어요. 그 시절, 라디오는 미국 가정에 널리 보급되었고, 특히 드라마 형식의 라디오 프로그램은 큰 인기를 끌었어요.

1938년 10월 30일 저녁 8시, CBS 라디오 방송이 시작되었어요.

"라디오 드라마 〈우주 전쟁〉이 곧 방송됩니다."

그런데 방송이 시작된 지 얼마 지나지 않아 긴급 뉴스가 흘러나왔어요.

"속보입니다! 지금 거대한 운석이 뉴저지주에 떨어졌습니다. 운석과 함께 외계인이 나타났습니다! 화성에서 온 외계인들이 미군을 공격하고 있습니다. 으악!"

라디오에서 아나운서의 다급한 목소리와 함께 사이렌 소리가 울려 퍼지고, 사람들의 비명이 들리더니, 방송 신호도 뚝, 뚝 끊어졌어요.

"현재 미국 대통령은 긴급 국무회의를 소집했습니다! 외계인들이 뉴욕으로 접근하고 있으며, 사상자가 계속 늘어나고 있습니다! 지

금 방송국에도 독가스가 뿌려졌습니다!"

청취자들은 엄청난 공포에 휩싸였어요. 경찰서에는 문의 전화가 폭주하고, 수천 명이 피난을 가려고 거리로 뛰쳐나왔어요. 하지만 이 모든 상황은 실제 뉴스가 아니라 라디오 드라마였죠. 방송 중간마다 "이 방송은 허버트 조지 웰스의 문학 작품 〈우주 전쟁〉을 각색한 드라마입니다."라고 밝혔지만, 실감 나는 연출 덕분에 청취자들은 라디오 드라마라는 사실을 깜빡 잊어버린 거예요.

라디오 청취자들을 흥분시킨 이 천재적인 연출가는 누구였을까요? 바로 스물세 살의 오슨 웰스였어요. 오슨 웰스는 연출자이자 배우, 작가이자 제작자로 다재다능한 예술가였지요.

오슨 웰스의 예술적 감각은 어린 시절 환경에서 비롯되었어요. 피아니스트였던 어머니 덕분에 다양한 예술 교육을 받았고, 자유로운 여행을 즐기던 아버지 덕분에 풍부한 경험을 쌓았어요. 여섯 살 때는 스스로 마술쇼를 열고 연극 무대에 서기도 했어요.

그러나 유년 시절은 평탄하지 않았어요. 부모가 이혼한 뒤 어머니가 세상을 떠났고, 몇 년 후 아버지마저 세상을 떠나면서, 오슨 웰스는 열다섯 살의

기자들에게 〈우주 전쟁〉에 대해 이야기하는 오슨 웰스

나이에 고아가 되었어요.

　오슨 웰스는 대학에 진학하지 않고 연극 무대에서 배우로 활동하다, 스물한 살의 나이에 미국 연극계에서 가장 유망한 배우이자 감독이 되었어요. 그리고 스물세 살이 되던 해, 연출을 맡은 〈우주 전쟁〉이 엄청난 파장을 일으키며 단번에 스타가 되었지요. 이날의 사건은 라디오 방송 역사상 가장 유명한 순간 중 하나로 남았고, 오슨 웰스를 영화계로 이끄는 계기가 되었어요.

할리우드 영화 문법을 혁신하다

　영화는 샷, 앵글, 구도, 편집, 조명과 같은 다양한 요소로 이루어져 있으며, 이러한 요소들을 활용하는 기본적인 규칙을 '영화 문법'이라고 해요. 감독이 영화의 요소를 어떻게 활용하느냐에 따라 영화마다 독특한 스타일과 표현 방식이 만들어져요.

　오슨 웰스는 라디오 드라마 〈우주 전쟁〉의 성공을 발판 삼아 첫 장편 영화 〈시민 케인〉을 연출했어요. 오슨 웰스는 기존 영화 문법을 새롭게 발전시켰는데, 그중 가장 주목할 만한 기법이 '딥 포커스(Deep Focus)'예요. 딥 포커스는 화면의 앞 배경과 뒷배경을 동시에 선명하게 보여 주는 촬영 방식이에요. 이 방식을 활용하면 한 장면에서 여러 요소를 한눈에 파악할 수 있어요. 웰스는 딥 포커스를 활용하여 인물과 공간의 관계를 더욱 명확하게 전달했지요.

또한 〈시민 케인〉은 당시로서는 새로운 이야기 구조를 선보였어요. 1930년대까지만 해도 대부분의 영화는 시간 순서대로 전개되는 직선적인 방식을 따랐어요. 그러나 〈시민 케인〉은 과거와 현재를 오가며 주인공 케인의 삶을 여러 시점에서 보여 주는 구조를 사용했지요.

오슨 웰스는 카메라 앵글과 음악을 적극적으로 활용해 인물의 성격

영화 〈시민 케인〉의 포스터

과 심리를 효과적으로 표현해 관객의 몰입도를 최대로 끌어올렸어요.

오슨 웰스는 기존 영화 문법을 정리하고 발전시키며 현대 영화의 기본 틀을 마련했어요. 〈시민 케인〉은 미국 할리우드 영화 문법의 교과서로 평가받으며, 영화 역사상 가장 위대한 작품 중 하나로 남게 되었답니다.

똑똑똑 영화

영화 문법의 주요 요소

* **샷(Shot)** 카메라가 끊어짐 없이 연속으로 촬영한 영상의 기본 단위예요. 촬영 거리에 따라 롱샷(멀리서 찍은 장면), 미디엄샷(중간 거리에서 찍은 장면), 클로즈업(특정 부분을 강조한 장면) 등으로 나누어요.

〈시민 케인〉의 한 장면

* **앵글(Angle)** 카메라가 인물이나 사물을 바라보는 각도를 말해요. 눈높이 앵글은 자연스럽고 객관적인 느낌을 주어요. 낮은 앵글은 인물을 크게 강조해 강한 인상을 주어요.

* **구도(Composition)** 화면 안에서 인물과 사물을 배치하는 방식이에요. 주인공을 화면 가운데 배치하면 안정적인 느낌을 주지만, 구석에 배치하면 긴장감을 표현할 수 있어요.

* **편집(Editing)** 촬영한 영상을 선택하고 연결하여 이야기의 흐름을 만드는 과정이에요. 빠른 편집은 긴박감을 높이고, 천천히 이어지는 편집은 감정을 깊이 전달하는 효과를 주어요.

* **음향(Sound)** 대사, 음악, 음향 효과 등 모든 소리가 포함돼요. 배경 음악과 효과음으로 영화의 분위기를 바꿀 수도 있어요.

* **조명(Lighting)** 장면의 분위기와 감정을 조절하는 중요한 요소예요.

내 영화는 허구보다는 사실을, 영웅보다는 평범한 사람을 다룬다

비토리오 데 시카 (1901년~1974년)

흑백 화면 속, 낡은 건물 앞에서 사람들이 무언가를 초조하게 기다리고 있어요. 잠시 후, 건물에서 한 남자가 나와 주인공의 이름을 부릅니다.
"리치, 드디어 자네 일자리가 생겼네. 포스터를 붙이는 일이야!"
오랫동안 실직 상태였던 리치 얼굴에 미소가 떠올라요. 하지만 기쁨은 잠시뿐이었지요.
"리치, 이 일은 자전거가 꼭 필요해. 자네 자전거를 가져와야 하네."
리치의 얼굴이 어두워져요. 리치는 이미 자전거를 팔아 생활비로 써 버린 상태였거든요.
이 이야기는 영화 <자전거 도둑>(1948)의 한 장면이에요. 영화는 실직한 아버지 리치가 잃어버린 자전거를 찾아 헤매는 과정을 따라가며, 전쟁 후 황폐해진 이탈리아에서 살아가는 사람들의 현실을 사실적으로 담고 있어요. 과연 리치는 자전거를 되찾고 가족과 함께 행복한 삶을 누릴 수 있을까요?
비토리오 데 시카 감독은 <자전거 도둑>을 통해 어떤 메시지를 전하고 싶었던 걸까요?

제2차 세계대전과 〈자전거 도둑〉

제2차 세계대전(1939~1945)은 수많은 사람의 생명과 터전을 파괴하고, 살아남은 사람들에게도 깊은 상처를 남겼어요.

특히 이탈리아는 오랫동안 독재자 무솔리니의 지배 아래에 있었어요. 무솔리니는 영화가 대중을 선동할 수 있다고 판단해 강력한 검열로 예술의 자유를 억압했어요.

그러나 전쟁이 끝나고 무솔리니 정권이 무너지면서, 이탈리아의 예술인은 그동안 억눌렸던 창작 욕구를 되찾기 시작했어요. 영화인들은 전쟁으로 황폐해진 현실을 있는 그대로 담아내려 했어요. 파괴된 삶과 빈곤 속에서 힘겹게 살아가는 사람들의 모습을 사실적으로 그려 내며 현실의 상처를 극복하고자 했지요. 이러한 이탈리아 영화계의 새로운 흐름을 '네오리얼리즘'이라고 불러요.

네오리얼리즘을 대표하는 작품이 바로 영화 〈자전거 도둑〉이에요. 영화 속에는 일자리를 찾지 못해 절망하는 사람들의 모습이 고스란히 담겨 있지요.

주인공 리치는 간신히 직장을 구했지만 자전거가 없으면 일을 할 수 없는 상황이에요. 결국 리치의 아내는 집에서 쓰던 침대보를 전당포에 맡기고 그 돈으로 자전거를 마련해요. 힘겹게 마련한 자전거는 가족의 생계를 책임질 유일한 희망이었어요. 하지만 기쁨도 잠시, 리치는 일을 시작하자마자 자전거를 도둑맞아요. 리치는 어린 아들 브루노와 함께 자전거를 찾기 위해 필사적으로 거리를 돌아다녀요.

"제발 부탁입니다. 자전거 찾는 걸 도와주세요."

하지만 그 누구도 리치를 도와주지 않아요. 우여곡절 끝에 자전거를 훔친 청년을 찾아내지만 증거가 없어 결국 놓아줄 수밖에 없지

요. 절망한 리치는 거리를 방황하다가 충동적으로 길가에 놓인 자전거를 훔치고 맙니다.

"저기, 자전거 도둑이다! 잡아라!"

자전거 도둑이 된 리치는 곧바로 사람들에게 붙잡혀 얻어맞지요. 매를 맞고 풀려난 리치는 어린 아들 브루노의 손을 잡고 쓸쓸히 거리를 걸어갑니다. 아버지와 아들은 군중 속으로 사라지며 영화는 막을 내립니다.

내 영화는 허구보다는 사실을, 영웅보다는 평범한 사람을 다룬다

자전거를 도둑맞은 아버지가 결국 자전거 도둑이 된다는 비극을 그린 영화 〈자전거 도둑〉에는 당시 이탈리아 사회의 다양한 면이 고스란히 녹아 있어요.

리치와 브루노는 배고픔을 참지 못하고 한 식당에 들어가요. 그곳에서는 부유한 가족이 여유롭게 식사를 즐기고 있죠. 이 장면은 극심한 빈부 격차와 계급 간 갈등을 극적으로 보여 줍니다. 또한, 영화 속에서는 미래를 점치고 싶은 사람들이 점쟁이 노파를 찾아가는 장면도 등장해요. 이 장면은 절망 속에서도 희망을 찾으려는 당시 사람들의 마음을 잘 보여 주지요. 비토리오 데 시카는 이렇게 이탈리아 사회의 다양한 모습을 담담한 시선으로 영화에 담아냈어요.

비토리오 데 시카는 영화에 진정성을 담기 위해 사실적인 연출을 고집했어요. 주인공 리치 역을 맡은 배우는 실제 철공소 노동자였고, 브루노 역을 맡은 소년은 거리에서 구두를 닦던 아이였어요. 전문 배우가 아닌 일반인들을 출연시켜 자연스러운 연기를 끌어냈어요. 그래서 자전거를 도둑맞은 리치와 브루노의 절망감은 극적인 연출 없이도 관객들에게 생생하게 전달되지요.

〈자전거 도둑〉은 이탈리아의 거리 곳곳을 다큐멘터리처럼 담아낸 영화예요. 관객들에게 전쟁 후 이탈리아의 암담한 현실을 직접 목격하는 듯한 몰입감을 선사했어요.

"내 영화는 허구보다는 사실을, 영웅보다는 평범한 사람을 다룬다."

비토리오 데 시카는 이러한 철학을 바탕으로 평생 30여 편의 영화를 연출하며 이탈리아 네오리얼리즘을 대표하는 감독이 되었어요.

네오리얼리즘의 영향은 이탈리아를 넘어 전 세계 영화계로 널리 퍼져 나갔어요. 영화 속에 현실을 담으려는 시도가 활발해지면서 이후 프랑스의 누벨바그와 같은 새로운 영화 운동에도 영향을 주었어요. 현실을 반영하려는 영화적 시도는 지금까지도 계속되고 있어요. 가난한 가족과 부자 가족의 이야기를 통해 사회 계층 간 격차를 드러내는 영화라는 점에서 봉준호 감독의 〈기생충〉(2019)도 네오리얼리즘의 연장선에 있다고 볼 수 있어요.

〈자전거 도둑〉은 영화가 단순한 오락을 넘어 사회를 비추는 거울이 될 수 있음을 보여 준 작품으로 평가받고 있답니다.

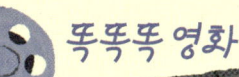 똑똑똑 영화

네오리얼리즘이란 무엇일까?

　네오리얼리즘(Neo-Realism)은 '새로운 리얼리즘'이라는 뜻이에요. 영화에서 현실을 담아내려는 시도는 이전에도 있었어요. 하지만 네오리얼리즘은 기존 리얼리즘과는 완전히 다른 방식으로 현실을 보여 주었기 때문에 '새로운'이라는 의미가 더해졌지요.

　과거의 리얼리즘 영화들이 스튜디오에서 촬영하고, 프로 배우들이 연기하며 대본에 따라 연출했다면, 네오리얼리즘 영화는 실제 거리에서 촬영하고, 일반인들을 배우로 섭외하고 자연스러운 대사를 사용했어요.

　그리고 네오리얼리즘 영화들은 전쟁으로 황폐해진 현실을 있는 그대로 보여 주는 등 다큐멘터리처럼 현실을 사실적으로 포착하려 했지요. 촬영 중에도 즉흥적으로 연출을 바꾸거나, 거리에서 벌어진 우연한 사건까지 담아냈어요. 덕분에 영화는 더욱 현실감이 넘치고 생생한 느낌이 들지요.

　네오리얼리즘은 완전히 새로운 방식으로 현실을 담아낸 '새로운 리얼리즘'이었어요.

비토리오 데 시카의 1946년 영화 〈구두닦이〉의 한 장면. 구두 닦는 일을 하며 살아가는 소년의 모습을 통해 이탈리아의 불안한 현실을 보여 주고 있어요.

영화 속 네 사람이 카드놀이를 하기 위해 방에 들어갑니다. 갑자기 폭탄이 터지자 이를 지켜보던 관객은 깜짝 놀랍니다. 이것이 바로 '서프라이징' 기법이에요. 만약 카드놀이가 시작되기 전에 누군가 탁자 밑에 폭탄을 설치하는 장면을 미리 보여 주었다면 어떨까요? 폭탄의 초침이 째깍째깍 흘러갈수록 관객은 점점 더 긴장하게 됩니다. 마침내 카드놀이가 끝나고 네 사람이 자리에서 일어서려는 순간, 한 사람이 말합니다.

"우리 한 판 더 할까?"

이 순간 관객의 긴장감은 최고조에 달합니다. 이처럼 관객에게 불안감과 긴장감을 주는 영화적 기법을 '서스펜스'라고 해요. 관객은 폭탄이 있다는 사실을 알지만, 영화 속 인물은 모를 때 서스펜스는 더욱 커진답니다.

서스펜스를 효과적으로 활용하는 영화 장르가 바로 스릴러입니다. 서스펜스를 활용해 관객의 상상력을 자극하고 놀라운 영화적 체험을 선사한 감독이 바로 앨프리드 히치콕이에요. 그는 어떻게 서스펜스 스릴러의 대가가 되었을까요?

두려움을 없애는 유일한 방법은 두려움에 대한 영화를 만드는 것

앨프리드 히치콕의 부모님은 영국 런던에서 농산물 상점을 운영했어요. 가톨릭 신자였던 부모님은 예배를 마친 주말 오후면 히치콕과 함께 연극, 오페라, 운동 경기, 연주회 등을 관람하러 다녔어요. 유복한 가정에서 다양한 공연과 문화를 접했던 히치콕은 예술적인 감각을 자연스럽게 키워 갔지요.

히치콕은 조용하고 내성적인 성격에 관찰력이 뛰어난 소년이었어요. 매일 밤 어머니는 아들의 일과를 물었고 히치콕은 그날 본 것들을 세세하게 이야기하곤 했어요. 잠자기 전에는 늘 어머니가 책을 읽어 주었지요. 어머니가 책을 읽어 주다가 갑자기 멈추면 히치콕은 다음 이야기가 궁금해서 견딜 수가 없었어요.

"다음 이야기를 바로 알려 주지 않으면 듣는 사람을 긴장시킬 수 있구나!"

이때부터 히치콕은 긴장감을 극대화하는 이야기 전달 방식을 자연스럽게 터득했을지도 몰라요.

원만한 가정에서 자랐음에도 불구하고, 히치콕의 영화는 두려움과 긴장감 넘치는 사건들로 가득해요. 그 이유는 엄격한 가정 교육과 사회 분위기에서 찾을 수 있어요. 히치콕의 아버지는 규칙과 규율을 중시하는 엄격한 사람이었어요. 이러한 교육 방식은 히치콕에

게 심리적인 불안감을 심어 주었을 가능성이 커요. 게다가 당시 영국에서는 범죄 사건이 자주 발생했어요.

"만약 내가 저런 끔찍한 상황에 처한다면?"

어른들의 불안한 대화를 들으며 히치콕은 자연스럽게 스릴러적인 상상력을 키워 갔어요. 히치콕은 어둡고 기이한 이야기가 주는 공포심과 긴장감에 차츰 빠져들었지요.

수줍음 많고 예민한 성격의 히치콕에게 영향을 준 또 다른 사건은 전쟁이었어요. 제1차 세계대전이 일어나면서 그는 공습 사이렌과 폭격 소리를 자주 경험했어요. 이런 경험으로 히치콕은 우리의 삶이 얼마나 쉽게 무너질 수 있는지를 깊게 고민하게 되었어요.

"내 두려움을 없애는 방법은 두려움에 대한 영화를 만드는 거야."

히치콕의 영화 〈새〉(1963)의 한 장면. 새 떼의 공격으로 평온한 일상이 공포로 변해요.

전쟁과 사회적 불안 속에서 자란 히치콕에게 스릴러 영화는 불안으로부터 벗어나는 방법이었어요. 히치콕 영화의 주인공들은 누명을 쓰고 결백을 입증하려고 하거나, 평범한 일상에서 예기치 못한 공포나 위험에 맞닥뜨려요. 예상치 못한 전개와 반전, 관객을 몰입시키는 서스펜스 연출로 그의 영화는 관객들에게 충격을 주곤 했어요. 히치콕은 뛰어난 연출력으로 인간 내면에 숨겨진 공포와 심리를 표현했지요.

서스펜스는 관객이 긴장과 불안 속에서 결말을 예상하게 만드는 것이다

'히치코키언(Hitchcockian)'이라는 단어는 '히치콕답다'라는 의미로, 영화사에 뚜렷한 발자국을 남긴 앨프리드 히치콕의 참신한 스타일을 가리켜요. 그의 이름이 하나의 장르처럼 사용될 정도로 히치콕은 영화의 연출 기법과 서스펜스 스릴러 장르에 큰 영향을 끼쳤어요. 그렇다면 히치콕다운 영화는 어떤 특징을 가질까요?

첫 번째 특징은 '맥거핀(MacGuffin)' 기법의 활용이에요. 맥거핀은 이야기 초반에는 매우 중요한 요소처럼 보이지만, 실제로는 줄거리의 핵심이 아니며 후반부에는 의미가 희미해지는 장치를 뜻해요.

예를 들어, 영화 초반에 주인공이 어떤 특정한 물건을 쫓고 있다면, 관객들은 그 물건이 사건의 중요한 단서라고 생각해요. 하지만 영화가 진행될수록 그 물건 자체는 중요하지 않다는 것이 드러나고, 대신 그 물건을 쫓는 과정에서 발생하는 긴장감과 갈등이 이야기의 중심이 돼요.

맥거핀의 역할은 관객의 호기심을 자극하고 이야기의 방향을 예측할 수 없게 만드는 것이에요. 히치콕은 이 기법을 활용해 관객을

특정 요소에 집중하도록 이끈 뒤, 예상과 다른 방향으로 이야기를 전개하면서 긴장감을 높였어요.

두 번째 특징은 독창적인 카메라 기법이에요. 그는 카메라를 서서히 이동시키거나, 급격한 앵글 변화로 관객의 긴장감을 끌어올렸어요. 이러한 카메라 기법 덕분에 관객은 마치 영화 속 주인공이 된 듯한 느낌을 받을 수 있어요.

세 번째 특징은 인물의 심리와 분위기를 고조시키는 조명과 음향 기법이에요. 히치콕은 빛과 어둠을 강렬하게 대비시켜 인물의 내면과 갈등을 표현했어요. 절제된 배경 음향으로 조용한 공포를 만들어 내거나, 갑작스러운 소리 효과로 관객을 놀라게 했어요. 이 때문에 히치콕 영화를 보는 관객들은 마치 롤러코스터를 타듯 공포에 질리면서도 열광했어요.

〈현기증〉(1958)은 히치콕의 미스터리 스릴러를 대표하는 작품 중 하나예요.

히치콕은 한 인터뷰에서 이렇게 말했어요.

"관객들은 저를 경사가 심한 철도를 질주하는 열차의 기관사에 비유하더라고요. 실제로 저는 '첫 번째 내리막길을 얼마나 가파르게 만들 수 있을까?' 하고 고민하는 사람입니다. 내리막길이 가파르면 비명이 길어지겠죠? 저는 승객들을 재미있게 해 주고 싶어요. 그들이 웃으면서 열차에서 하차하기를 바랍니다."

  후배 감독들은 히치콕을 존경하며 그의 서스펜스 스릴러 기법을 모방하고 발전시켰어요. 스티븐 스필버그의 〈죠스〉(1975)나 크리스토퍼 놀란의 〈인셉션〉(2010) 등 수많은 현대 영화에서 히치콕다운 흔적을 발견할 수 있어요. 우리나라의 봉준호와 박찬욱 감독도 히치콕의 영화를 보고 영화감독을 꿈꿨다고 말할 정도로 히치콕의 영화 기법은 현대 스릴러, 미스터리 장르에서 여전히 살아 숨쉬고 있답니다.

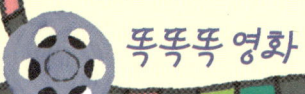 똑똑똑 영화

카메오란 무엇일까?

영화 속에서 감독이나 유명인이 잠깐 등장하는 것을 카메오 출연이라고 해요. 주요 캐릭터가 아니라 짧은 순간 등장해 관객에게 재미를 주는 역할이지요.

앨프리드 히치콕은 자신이 연출한 영화에 직접 출연하기를 즐겼어요. 마치 "이 영화는 내가 만들었다!"라고 증명하듯, 짧은 장면에 깜짝 등장해 관객에게 또 다른 즐거움을 선사했지요. 영화 <현기증>에서는 행인의 모습으로 등장하고, <싸이코>에서는 거리에 서 있는 사람으로 등장했어요. 히치콕은 대부분의 영화에서 초반부에 등장했는데, 이는 관객들이 그의 출연을 찾느라 영화에 집중하지 못하는 것을 방지하기 위한 배려였다고 해요.

히치콕의 카메오 출연은 그의 연출 스타일을 상징하는 특징이 되었고, 이후 몇몇 후배 감독들도 이를 따라 하면서 하나의 전통처럼 이어지고 있어요.

앨프리드 히치콕

영화감독은 영화의 진정한 작가가 되어야 한다

프랑수아 트뤼포(1932년~1984년)

영화를 깊이 사랑하고 연구하는 영화광을 '시네필(Cinéphile)'이라고 해요. 시네필은 '영화(cinéma)'와 '사랑하는 사람(-phile)'을 합친 말로, 1950년대 후반 영화를 연구하고 토론하는 프랑스의 젊은 애호가들을 가리키면서 퍼져 나갔어요. 원래 영화는 단순한 오락물로 여겨졌지만, 시네필들은 영화를 연구하면서 영화가 하나의 예술이 될 수 있음을 주장했어요.

"영화감독은 영화의 진정한 작가가 되어야 한다."

프랑스의 대표적인 시네필이었던 프랑수아 트뤼포는 영화의 예술성을 강조했어요. 감독이 단순히 연출만 하는 기술자가 아니라, 자신의 철학과 개성을 담아내는 진정한 작가가 되어야 한다고 주장했지요. 프랑수아 트뤼포가 말하는 감독의 개성과 영화의 예술성이란 무엇일까요?

영화를 사랑한 트뤼포, 누벨바그 운동을 이끌다

프랑수아 트뤼포는 환영받지 못한 아이로 태어났어요. 아버지가 누구인지도 모른 채 태어난 그는 어머니에게서 떨어져 유모의 손에서 자랐어요. 그 뒤 외할머니와 지냈지만, 외할머니가 세상을 떠난 뒤에는 어머니와 새아버지 집으로 가게 되었어요. 하지만 그곳에서도 따뜻한 보살핌을 받지 못한 채 외롭게 지내야 했지요.

"어머니나 새아버지는 나에게 관심이 없어. 매일 새로운 영화를 보는 게 나에게는 가장 큰 행복이야!"

트뤼포는 영화관에서 시간을 보내며 불안과 외로움을 달랬어요. 그러던 어느 날, 어쩔 수 없이 같은 영화를 두 번 보게 되는 일이 생겼어요. 그런데 놀랍게도 두 번째 관람에서 처음 볼 때 발견하지 못했던 영화의 재미를 찾아냈어요.

"영화는 두 번 이상 봐야 그 진가를 알 수 있어."

이때부터 트뤼포는 같은 영화를 여러 번 반복해서 보는 습관을 갖게 되었어요. 트뤼포는 열 살 무렵 이미 천 편이 넘는 영화를 보았고, 열두 살 때는 하루에 세 편씩 영화를 보며 영화관에서 시간을 보냈어요. 열여섯 살이 되자 자신만의 영화 모임을 만들어 영화 상영회를 열었어요.

트뤼포는 영화에 대한 열정이 넘쳤지만, 때때로 그릇된 행동으로 드러나기도 했어요. 필름 대여료를 마련하려고 아버지 회사에서 타

자기를 훔치고, 영화사 필름을 공짜로 빌려 온 뒤 돈을 갚지 않기도 했어요. 결국 경찰에 붙잡힌 트뤼포는 소년원에 가게 되었지요. 하지만 그의 재능을 알아본 영화 평론가 앙드레 바쟁이 트뤼포에게 손을 내밀었어요.

"자네, 영화 잡지에 글을 써 보지 않겠나?"

트뤼포는 영화 잡지에 영화 평론을 쓰며 이름을 알리기 시작했어요. 트뤼포는 평론을 통해 영화를 사랑하는 과정에는 세 가지 단계가 있다고 말했어요.

"첫 번째 단계는 영화를 두 번 보는 것입니다. 두 번째 단계는 영화에 대한 글을 쓰는 것입니다. 그리고 마지막 단계는 영화를 만드는 것입니다."

1950년대 후반, 프랑스는 알제리와의 전쟁 여파로 매우 혼란스러웠어요. 어지러운 사회 분위기 속에서 젊은 세대들은 기존 사회 질서를 비판하며 새로운 가치를 찾으려고 했어요.

"프랑스 사회는 변해야 한다! 과거의 관습에서 벗어나야 한다!"

트뤼포는 영화가 개인과 사회를 있는 그대로 담아내는 도구가 되어야 한다고 생각하며 기존 프랑스 영화를 격렬하게 비판했어요.

"현재 프랑스 영화에는 개성이 전혀 없어요. 영화에는 감독의 독창성을 담아야 합니다."

트뤼포의 첫 장편 영화 〈400번의 구타〉(1959)는 그의 어린 시절을 반영한 이야기예요. 엄마와 새아버지에게서 사랑받지 못하는 열세 살 소년 앙투안은 학교를 빼먹고 거짓말을 일삼는 문제아예요. 억압을 피해 도망치며 자유를 갈망하는 소년은, 결국 바다 앞에서 멈춰 서요. 넓고도 막막한 바다. 그곳에서 소년은 앞으로 나아갈 수도, 되돌아갈 수도 없는 현실의 벽을 마주하게 되지요.

〈400번의 구타〉는 단순한 성장 영화가 아닌 프랑스 사회의 억압과 불안을 사실적으로 묘사한 영화예요. 뚜렷한 결론 없이 모호한 결말로 현실의 복잡성을 드러낸 영화는, 당시 프랑스 사회에 강한 반응을 불러일으켰어요. 자신의 삶을 영화로 담아내며 사회를 그대로 비춘 트뤼포. 시네필로 활동하던 트뤼포는 프랑스 영화계의 새로운 흐름인 누벨바그 운동을 대표하는 감독이 되었어요.

영화의 예술성을 끌어올린 누벨바그 영화들

누벨바그 영화의 감독들은 기존 영화 문법에서 벗어나 새로운 스타일을 창조했어요. 이런 낯선 시도 때문에 관객들의 평가도 엇갈렸지요.

"정말 독특하고 신선한 영화가 나타났다!"

"하지만 너무 어렵고 이해하기 힘들어!"

누벨바그 영화는 전통적인 이야기 구조에서 벗어나 관객들의 예상을 뒤엎는 방식으로 전개됐어요. 명확한 결말을 제시하지 않아 영화를 보고 난 뒤에도 관객들은 계속 질문을 던졌죠.

트뤼포 영화의 홍보 포스터

"영화의 결말이 도대체 뭐야?"

"그래서 주인공이 어떻게 되었다는 거야?"

하지만 이러한 모호함이 오히려 영화를 더 깊이 고민하고 해석하도록 만들었어요. 작가가 글을 통해 자신만의 예술성을 표현하듯, 누벨바그 감독들은 카메라를 통해 자신만의 개성을 창조했어요.

누벨바그 운동을 이끌었던 프랑수아 트뤼포는 자신의 경험에서 출발한 이야기로 인간의 감정을 깊이 탐구했어요. 자연스럽고 즉흥적인 연출로 삶의 순간을 사실적으로 담아냈던 프랑수아 트뤼포. 그의 영화는 영화가 감독의 개성과 철학을 담아내는 예술적 도구가 될 수 있음을 증명했답니다.

누벨바그와 작가주의

누벨바그(Nouvelle Vague)는 1950년대 후반부터 1960년대 후반까지 프랑스에서 등장한 새로운 영화 운동이에요. 당시 젊은 감독들은 기존 프랑스 영화의 제작 방식을 거부하고, 더 자유롭고 개성 넘치는 영화를 만들고자 했어요.

대표적인 누벨바그 감독으로는 프랑수아 트뤼포, 장-뤽 고다르, 에릭 로메르, 클로드 샤브롤 등이 있어요. 이들은 감독이야말로 영화의 진정한 창작자여야 한다고 주장하며 '작가주의'를 강조했어요.

작가주의 영화는 줄거리보다 감독의 개성과 독창적인 표현 방식에 초점을 맞춘 영화를 뜻해요. 이전의 영화들이 이야기 중심이었다면, 누벨바그 영화들은 즉흥적인 연출, 현실적인 대사, 실제 공간에서 촬영된 장면들, 그리고 자유롭게 움직이는 카메라 기법을 활용해 더욱 생생하고 사실적인 느낌을 줬어요.

누벨바그는 프랑스뿐만 아니라, 이후 전 세계 영화에도 큰 영향을 미쳤답니다.

프랑수아 트뤼포

나는 밤에만 꿈을 꾸는 것이 아니라 온종일 꿈을 꿉니다

스티븐 스필버그(1946년~현재)

1975년 6월, 사람들이 극장 앞에 길게 줄을 섰어요. 이제 곧 마주할 공포에 대한 기대감으로 극장 앞은 떠들썩했어요.

"해변에 상어가 나타났대."

"너무 무서워서 영화를 보는 내내 비명을 지르게 된다던데!"

영화 <죠스>(1975)는 작은 바닷가 마을에 상어가 나타나면서 벌어지는 사건을 다룬 공포 스릴러예요. 영화는 긴장감 넘치는 분위기와 압도적인 음악으로 관객들을 오싹하게 했어요. 입소문은 빠르게 퍼져 나갔고 수많은 관객이 극장으로 몰려들었어요. <죠스>는 전 세계에서 엄청난 흥행 수익을 기록하며 블록버스터 영화의 시대를 열었어요.

"나는 밤에만 꿈을 꾸는 것이 아니라 온종일 꿈을 꿉니다."

영화를 통해 꿈 같은 세상을 펼쳐 보인 스티븐 스필버그. 그는 어떻게 전 세계인의 마음을 사로잡을 수 있었을까요?

어린 영화감독의 탄생

 스티븐 스필버그는 컴퓨터 엔지니어인 아버지와 피아노 연주자인 어머니 사이에서 태어났어요. 스필버그는 여섯 살 때 생애 처음으로 극장에서 영화를 보았어요.
 "엄마, 극장이 무서워요."
 스필버그는 컴컴한 극장에 들어가는 게 두려웠지만, 영화가 시작되자마자 그 매력에 완전히 빠져들었어요. 극장에서 본 〈지상 최대의 쇼〉(1952) 열차 충돌 장면은 어린 스필버그에게 강한 인상을 남겼어요.
 집으로 돌아온 스필버그는 선물로 받은 모형 열차를 여러 번 충돌시키며 영화에서 본 장면을 다시 만들어 보려고 했어요. 그러다 열차 충돌 장면을 카메라로 촬영하면 몇 번이고 반복해서 볼 수 있다는 것을 깨닫게 되었지요. 스필버그는 어머니의 도움을 받아 카메라로 촬영을 시도했어요. 하얀 스크린 위에 영상을 띄워 놓고 반복해서 보며 영화의 충격과 감동 속으로 빠져들었어요.
 조금 더 자란 뒤, 스필버그는 아버지의 8mm 가정용 카메라에 흥미를 느끼기 시작했어요.
 "아빠, 앞으로 가족 행사는 제가 찍을래요."
 스필버그의 가족은 주말마다 캠핑을 다녔고, 촬영은 늘 스필버그 담당이었어요. 카메라를 잡을 때마다 흥분을 감출 수 없었지요.
 "단순한 장면이지만 조금 색다르게 찍어서 드라마처럼 만들어 보고 싶어."

열두 살 무렵, 스필버그는 영화감독이 되기로 결심했어요. 머릿속이 영화 생각으로 가득했던 스필버그는 몇 시간이고 방에 틀어박혀 시나리오를 쓰거나 촬영할 장면을 그림으로 그렸어요. 그런 스필버그에게 세 여동생은 훌륭한 배우가 되어 주었지요.

"저 태양을 계속 바라보고 있어. 눈을 감으면 안 돼!"

스필버그는 사실 여동생들에게 짓궂은 장난을 잘 치는 오빠이기도 했어요. 밤이면 여동생 방 창문 앞에서 놀라게 하거나, 화장실 휴지를 온몸에 감고 미라처럼 꾸며서 여동생들을 깜짝 놀라게 했어요. 그리고 이런 소동을 비디오카메라에 담아 영화로 만들었어요.

하지만 스필버그는 학교에는 잘 적응하지 못했어요. 특히 책을 잘 읽지 못했고, 수학과 체육 과목도 성적이 낮았어요. 더욱이 그는 유대인이라는 이유로 친구들로부터 괴롭힘을 당하기도 했어요. 하지만 언제까지 친구들을 피해 다닐 수는 없었어요. 어느 날 아버지가 스필버그에게 조언했어요.

"이길 수 없다면 타협하는 법을 배워라."

스필버그는 아버지의 말을 곰곰이 생각한 뒤, 자신을 괴롭히던 친구에게 말했어요.

"너, 내 영화에 출연하는 게 어때?"

"싫어. 내가 왜 네 영화에 등장해야 해?"

친구는 스필버그의 제안을 거절했지만 스필버그는 포기하지 않고 설득했어요. 결국 친구는 스필버그의 단편 영화에 출연하게 되었어요. 열세 살이던 스필버그는 영화 속 전쟁 장면을 더욱 사실적으로 촬영하기 위해 고민했어요. 영화가 완성되었을 때, 친구들은 "진짜 전쟁 영화 같아!" 하며 환호했어요. 이 영화 덕에 스필버그는 친구들 사이에서 인기를 더욱 얻게 되었어요.

단편 영화로 자신감을 얻은 스필버그는 열여섯 살에 장편 영화를 만들기로 결심했어요. 그는 아버지를 설득해 영화 제작에 필요한 비용을 마련했고, 여동생과 친구들을 영화 제작에 끌어들였어요. 약 1년에 걸친 촬영과 편집 끝에 스필버그는 〈불빛〉(1964)을 완성하여 동네 작은 극장에서 상영했어요.

"우리 동네에 영화감독이 탄생했네!"

동네 사람들은 스필버그의 솜씨에 감탄했어요. 게다가 이 영화는 스티븐 스필버그에게 최초로 수익을 안겨 주었답니다.

블록버스터 영화의 거장이 되다

대학생이 된 스필버그는 우연히 유니버설 스튜디오를 방문할 기회를 얻게 되었고, 그곳의 매력에 흠뻑 빠졌어요.

"유니버설 스튜디오가 이렇게 멋진 곳이라니, 언젠가는 이곳에서 영화를 만들겠어."

스필버그는 스튜디오 방문 중 유니버설 직원과 친분을 쌓으며, 출입할 수 있는 기회를 얻었어요. 이후 일주일에 이틀은 대학에서 수업을 듣고 사흘은 유니버설 스튜디오에 가서 감독들의 작업을 관찰하며 영화 제작을 공부했어요.

그 후, 스필버그는 젊은 남녀가 미국의 사막에서 태평양 연안까지 여행하는 이야기를 담은 단편 영화 〈엠블린〉(1968)을 제작했어요.

이 영화를 본 유니버설 스튜디오 텔레비전 담당자는 스필버그에게 함께 일할 것을 제안했어요. 그러자 스필버그는 이렇게 말했어요.

"약속을 분명히 해 주세요. 저는 스물한 살이 되기 전에 감독이 되고 싶습니다. 저의 절실한 소망입니다."

당돌하면서도 과감한 제안이었어요. 마침내 스필버그는 21세라는 어린 나이에 유니버설과 정식 계약을 맺은 영화감독이 되었어요. 이후 그는 텔레비전 영화 〈대결〉(1971)을 연출했고, 이 작품이 큰 성공을 거두면서 스필버그는 극장 영화를 연출할 수 있게 돼요.

스필버그가 세계적인 흥행 감독이 되는 데에는 〈죠스〉의 역할이 결정적이었어요. 하지만 영화를 제작하는 과정은 순탄하지 않았지요. 바닷가 날씨는 변덕스러웠고, 거센 파도와 바람 때문에 촬영이 자주 미루어졌어요. 기계 상어 '브루스'의 고장을 해결하는 데에도 많은 시간이 걸렸지요. 하지만 스필버그는 이러한 문제를 오히려 공포 연출의 핵심 요소로 활용했어요.

"눈에 보이지 않는 공포가 가장 무서운 겁니다. 죠스를 많이 등장시키지 않더라도 관객들에게 충분한 공포감을 줄 수 있어요."

우여곡절 끝에 완성한 〈죠스〉는 흥행 신기록을 세우며 현대 블록버스터 영화의 시대를 열었어요. 이전까지 여름철은 영화 개봉이 적은 시기였지만 스필버그는 대대적인 TV 광고와 대규모 개봉 전략을 도입해 큰 성공을 거두었어요. 〈죠스〉는 이후 할리우드 블록버스터

마케팅 모델의 모범 사례가 되었어요.

　이후 스필버그는 〈E.T.〉(1982), 〈인디아나 존스〉 시리즈, 〈쥬라기 공원〉 시리즈, 〈쉰들러 리스트〉(1993), 〈라이언 일병 구하기〉(1998), 〈마이너리티 리포트〉(2002), 〈우주 전쟁〉(2005), 〈레디 플레이어 원〉(2018), 〈파벨만스〉(2022) 등을 연출하며 따뜻한 감동과 짜릿한 재미가 담긴 작품을 만들었어요.

　스티븐 스필버그는 블록버스터 영화의 거장이라는 수식어와 함께 미국 영화 역사상 상업적으로 가장 성공한 감독이 되었답니다.

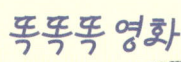 똑똑똑 영화

블록버스터란 무엇일까?

'블록버스터'라는 단어는 원래 제2차 세계대전 당시 사용된 군사 용어였어요. 도시의 한 구역을 완전히 초토화할 정도의 강력한 폭탄을 뜻했죠. 이후 이 단어는 영화 산업으로 옮겨 와, 엄청난 제작비와 강한 흡입력으로 전 세계적으로 크게 흥행하는 대형 영화를 의미하게 되었어요.

블록버스터 영화는 막대한 돈이 투입되며, 대규모 마케팅과 홍보 전략이 함께 이루어져요. 많은 사람들이 쉽게 이해할 수 있도록 이야기가 단순하고 명확하며, 다양한 문화권의 관객들이 공감할 수 있는 보편적인 주제를 다루는 것이 특징이에요.

대표적인 블록버스터 영화로는 <죠스>, <스타워즈>, <어벤져스> 시리즈 같은 작품들이 있어요. 이 영화들은 놀라운 시각 효과, 긴장감 넘치는 액션, 감동적인 스토리로 관객들을 사로잡으며 전 세계적인 흥행을 거두었지요.

스티븐 스필버그

호기심은 상상을 낳고, 상상은 현실을 만든다

제임스 카메론 (1954년~현재)

전 세계 역대 흥행 수익 1위 영화가 무엇인지 아시나요? 바로 <아바타>(2009)입니다.

<아바타>는 2154년, 판도라라는 외계 행성이 배경이에요. 인간이 판도라에 있는 자원을 구하려다 원주민인 나비족과 갈등을 겪는 이야기를 담고 있지요.

<아바타>의 3D 영상은 놀라울 만큼 사실적이며, 나비족의 표정과 동작은 실제 배우처럼 자연스러워요. 마치 실제로 판도라 행성을 탐험하는 듯한 몰입감을 선사하며, <아바타> 시리즈는 영화가 줄 수 있는 최고의 즐거움을 선보였어요. 이로써 제임스 카메론은 영화의 미래를 보여 주는 감독이자, 시각 효과의 선구자로 불리게 되었지요.

"호기심은 상상을 낳고, 상상은 현실을 만든다."

마르지 않는 상상력을 현실로 만드는 데 탁월한 제임스 카메론. 그의 상상력은 어떻게 최첨단 시각 효과 기술로 이어졌을까요?

호기심이 행동으로 이어지면 탐험이 됩니다

 제임스 카메론은 전기 엔지니어였던 아버지로부터는 논리적 사고와 기계적 감각을, 예술을 사랑한 어머니로부터는 창의성과 상상력을 물려받았어요. 카메론은 어린 시절부터 과학과 예술에 대한 호기심이 남달랐어요. 특히 우주와 과학에 관심이 깊어 밤마다 SF 소설을 읽곤 했어요.

 "우주는 드넓고 때로는 두렵지만, 그 안에서 주인공이 문제를 해결하는 과정은 정말 짜릿해."

 이불 속에서 손전등을 켜고 SF 소설을 읽던 카메론은 이야기 속 장면을 그림으로 표현하는 것을 즐겼어요. 그러던 중 우연히 해양 다큐멘터리를 접하며 우주뿐만 아니라 바다에도 강한 호기심을 갖게 되었어요. 카메론은 스쿠버 다이빙을 배우며 바다를 탐험했고, SF 소설과 공상 과학 영화를 사랑하는 청소년으로 성장했어요.

 "과학도 재미있고 예술에도 관심이 많은데, 뭘 해야 할지 모르겠어."

 진로를 정하기 어려웠던 카메론에게 운명처럼 다가온 영화가 있었어요. 바로 스탠리 큐브릭 감독의 SF 명작 〈2001: 스페이스 오디세이〉(1968)였

스탠리 큐브릭(1928~1999)

어요. 이 영화를 본 카메론은 엄청난 충격을 받았어요.

"영화가 너무 사실적이어서 속이 울렁거릴 정도야."

카메론은 극장을 나서면서도 한동안 말을 잇지 못했어요. 머릿속은 영화 속 장면들로 가득했어요. 현실과 상상의 경계가 흐려지는 듯한 느낌에 사로잡혔지요. 영화라는 게 단순한 오락이 아니라, 하나의 예술이자 과학이라는 사실을 깨달은 순간이었어요. 특수 효과로 만들어진 것임에도 영화 속 유인원과 우주 공간은 실제처럼 생생했어요. 이후 카메론은 특수 효과 기술에 깊이 빠지게 되었고, 영화에 대한 꿈을 키우기 시작했어요.

카메론은 한번 마음먹으면 바로 실행에 옮기는 성격이었어요. 〈2001: 스페이스 오디세이〉를 반복해서 보며 영화 속 특수 효과를 분석했고, 직접 우주 전쟁 장면을 연출해 단편 영화를 만들었어요.

카메론은 대학생이 된 후에는 트럭 운전 아르바이트를 하면서 매일 SF 소설을 쓰고 그림을 그렸어요. 틈틈이 특수 효과와 영화 제작 기술 관련 책을 파고들면서 영화 전공자 못지않은 지식을 갖추게 되었지요.

그렇게 영화에 대한 열정을 키우던 카메론은 미국으로 건너가, 영화사에서 미니어처 우주선과 소품 제작하는 일을 맡았어요. 도전적이고 적극적인 성격 덕분에, 그는 몇 주 만에 디자인 총책임자로 승진했어요.

"호기심이 행동으로 이어지면 탐험이 됩니다. 저는 탐험가예요."

우주와 바다를 동경하던 소년에서 영화 시각 디자인 전문가가 되기까지, 그리고 영화감독이 되기까지, 제임스 카메론은 늘 탐험가처럼 움직였어요. 카메론의 탐험 정신은 이후 그가 만든 영화 속에도 그대로 반영되었어요.

영화 기술의 혁신가

어느 날, 카메론은 불길이 가득한 폐허 속에서 로봇이 무기를 들고 등장하는 꿈을 꾸었어요.

"핵전쟁이 터진 암울한 미래 사회를 배경으로, 기계 인간과 실제 인간의 대립을 그려 보고 싶어."

카메론은 꿈에서 얻은 아이디어를 발전시켜 영화 시나리오를 집필했어요. 하지만 당시 신인이었던 그에게 선뜻 연출을 맡기려는 제작사는 없었어요.

"제 시나리오를 단돈 1달러에 드리겠습니다. 단, 제가 직접 연출할 기회를 주세요."

카메론의 기발한 상상력과 흥미진진한 시나리오에 매력을 느낀 제작사는 그의 제안을 받아들였어요. 그렇게 탄생한 영화가 〈터미네이터〉(1984)예요. 이 영화는 핵전쟁 이후 위기에 처한 인간과 미래에서 온 기계 터미네이터의 대결을 그리고 있어요. SF 스릴러 장

르에 사랑과 희생이라는 요소를 더해 흥미로운 이야기로 완성했어요. 개봉과 동시에 폭발적인 반응을 얻었고, 적은 예산으로 제작했음에도 10배 이상의 수익을 올리는 대성공을 거뒀어요. 언론과 평단으로부터 '혁신적인 SF 액션'이라는 긍정적인 평가도 받았어요.

〈터미네이터〉를 시작으로 〈에이리언 2〉(1986), 〈어비스〉(1989), 〈타이타닉〉(1997), 〈아바타〉(2009), 〈아바타: 물의 길〉(2022)까지 카메론의 작품은 매번 화제를 일으키며 흥행에 성공했어요. 카메론은 자신이 연출한 영화 세 편을 전 세계 역대 흥행 수익 탑 5에 올려놓았어요. 이로써 그는 세계 영화사에서 가장 성공한 감독 중 한 명이 되었어요.

카메론은 집요하고 꼼꼼한 완벽주의자로 유명해요. 촬영장에서는 소품 하나부터 배우들의 동작까지 모든 요소를 직접 점검하며 완벽하다고 여겨질 때에야 다음 장면을 촬영했어요. 밤샘 촬영은 기본이고 하루 14시간에서 많게는 18시간 이상 일할 정도로 철저했기에, 카메론은 '철인'이라는 별명을 얻었어요.

또한 카메론은 특수 효과와 컴퓨터 그래픽에 해박한 지식을 갖춘 감독이기도 했어요. 한 컷 한 컷을 세심하게 다듬으며, 관객들에게 영화가 선사할 수 있는 최고의 경험을 제공하고자 했지요. 카메론의 이러한 집념 덕분에 그가 영화를 만들 때마다 영화의 시각 효과 기술도 함께 발전했어요.

카메론은 〈어비스〉에서 영화 역사상 최초로 컴퓨터 그래픽으로 만든 움직이는 물을 선보였고, 〈터미네이터 2: 심판의 날〉에서는 혁신적인 컴퓨터 그래픽 기술을 도입했어요. 〈타이타닉〉에서는 실제 촬영과 컴퓨터 그래픽 기술을 완벽하게 합쳐 대규모 군중 장면과 배 침몰 장면을 사실에 가깝게 만들었어요. 〈아바타〉 시리즈에서는 배우의 머리에 초소형 카메라를 씌워 감정과 표정을 미세하게 촬영했어요. 두 대의 디지털카메라를 사용하여 입체 영상을 촬영하는 3D 카메라 기법으로 3D 영화 제작에 혁명을 일으켰어요.

카메론은 스스로 영화 장비를 개발할 정도로 영화 기술에 관한 연구를 아끼지 않았어요. 카메론이 개척한 혁신적인 시각 효과는 〈그래비티〉(2013), 〈인터스텔라〉(2014) 같은 후대 SF 영화들에도 큰 영향을 미쳤어요.

"최고의 경쟁자는 나 자신이다. 내가 과거에 이룬 것들 역시 나의 경쟁 상대다."

디지털 특수 효과 분야에서 최고의 경지에 오른 제임스 카메론은 아날로그 시대에서 디지털 혁명의 중심으로 영화 기술을 끌어올렸답니다.

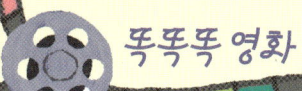 똑똑똑 영화

영화 속 마법 같은 기술

영화에서는 컴퓨터 그래픽과 다양한 시각 효과 기술을 활용해 현실에서는 볼 수 없는 장면을 만들어 내요. 이러한 장면이 어떻게 만들어지는지 다양한 기술을 알아보아요.

* **CGI(Computer-Generated Imagery, 컴퓨터 생성 이미지)** 컴퓨터로 캐릭터, 배경, 특수 효과 등을 만들어 내는 기술이에요. <아바타>처럼 실제 존재하지 않는 세계도 이 기술로 만들어 낼 수 있어요.

* **퍼포먼스 캡처** 배우의 실제 움직임과 표정을 디지털 캐릭터에 적용하는 기술이에요. <혹성탈출> 시리즈의 시저, <반지의 제왕> 시리즈의 골룸 같은 캐릭터가 이 기술을 바탕으로 탄생했어요.

* **합성 기술** 여러 영상을 합쳐 하나의 장면으로 만드는 기법이에요. 배우의 연기 장면을 촬영한 뒤, 그 뒤에 배경을 합성하여 다양한 공간을 표현해요.

* **3D(3차원)** 3D는 폭, 높이, 깊이를 포함한 입체적인 이미지를 의미해요. 일반적인 2D(평면) 화면에 깊이감을 추가하면 더욱 현실감 있는 영상을 만들 수 있어요. 3D 기술은 영화뿐만 아니라 애니메이션, 게임, 가상현실(VR) 등 다양한 분야에서 활용되고 있어요.

제임스 카메론

　2024년, '아시아의 노벨상'으로 불리는 라몬 막사이사이상은 일본 애니메이션의 거장 미야자키 하야오 감독에게 수여되었어요. 라몬 막사이사이 재단은 그의 수상 이유를 다음과 같이 설명했어요.

　"미야자키 하야오의 애니메이션은 어린이들에게 환경과 평화의 메시지를 전달하고 아시아의 관객들에게 삶에 대한 용기를 주었어요."

　미야자키 하야오는 다음과 같이 수상 소감을 전했어요.

　"일본인은 전쟁 중에 잔혹한 행위를 저질렀습니다. 우리는 이를 결코 잊어서는 안 됩니다."

　미야자키 하야오는 반전과 평화, 환경 보호의 메시지를 환상적이고 따뜻한 그림으로 표현해 왔어요. 어린이에게 희망을 주는 애니메이션을 만들겠다는 일념으로 평생을 살아온 미야자키 하야오. 그가 어린이 관객들에게 꼭 하고 싶었던 이야기는 무엇이었을까요?

예술가의 책임은 전쟁의 본질을 묻는 것이다

 미야자키 하야오는 1941년, 유럽에서 제2차 세계대전이 한창이던 때에 일본 도쿄에서 태어났어요. 그해 12월, 일본이 미국 진주만을 기습 공격하면서 전쟁은 태평양 전역으로 확대되었고, 미야자키 하야오의 가족도 전쟁을 피하고자 도쿄를 떠나게 되었어요. 하야오의 가족이 트럭에 몸을 싣고 출발하려는 순간, 아이를 안은 이웃 아주머니가 그 앞에 나타났어요.

 "아이가 있어요. 저희도 태워 주세요. 제발 부탁입니다."

미야자키 하야오의 아버지는 군용 항공기 부품을 생산하는 회사에서 일했어요. 전쟁으로 인해 회사는 큰돈을 벌어들였고 하야오의 가족은 비교적 안정적인 생활을 유지할 수 있었지요. 모두가 걸어서 피난할 때 하야오의 가족은 차를 타고 이동할 수 있었던 것도 그 때문이었어요.

　그러나 아버지는 도움을 요청하는 이웃을 외면했어요. 하야오는 울부짖으며 트럭 뒤를 쫓는 아주머니의 얼굴을 오랫동안 잊지 못했어요.

　"위험에 처한 사람을 돕지 못했다는 사실에 미안함과 죄책감을 오랫동안 느꼈습니다."

　이 기억은 미야자키 하야오에게 깊은 상처로 남았어요. 하야오는 전쟁이 인간에게 미치는 영향을 고민했어요. 특히, 전쟁을 통해 경제

태평양 전쟁(1941~1945)
1930년대 일본은 아시아의 패권을 차지하기 위해 중국과 동남아시아를 침략하기 시작했어요. 이에 미국과 서유럽 국가들은 일본에 대한 경제 제재를 강화했고, 위기에 빠진 일본은 1941년 12월에 미국의 진주만을 기습 공격하며 태평양 전쟁을 일으켰어요. 1945년 8월, 미국은 일본에 원자폭탄을 투하했고, 일본이 항복을 선언하면서 태평양 전쟁이 끝났어요.

적 이득을 얻었던 자신의 가족을 돌아보며 예술가의 역할을 진지하게 고민했어요.

"예술가의 책임은 전쟁의 본질을 묻는 것이에요."

미야자키 하야오는 애니메이션 감독이 된 후, 거의 모든 작품에서 전쟁을 비판하고 평화를 강조했어요. 하야오의 작품에는 인간의 탐욕과 전쟁의 폐해, 그리고 평화의 중요성에 대한 깊은 고민이 담겨 있어요.

이 돌로 너만의 탑을 쌓아라

미야자키 하야오는 조용하고 성실한 어린이였어요. 밖에서 뛰어노는 것보다 집에서 동화책 읽는 것을 더 좋아했어요. 그는 병상에 누워 있던 어머니와 동화 이야기를 나누는 시간을 즐겼고, 책을 읽으며 상상의 세계를 떠올리는 것을 좋아했어요.

"동화책을 읽다 보면 머릿속에서 그림들이 움직이는 것 같아."

책을 읽으며 상상하고 그림을 그리는 것을 좋아했던 하야오는 점차 만화가의 꿈을 키워 나갔어요.

하야오는 아버지가 일하던 항공기 부품 공장에서 본 전차, 군함, 비행기는 쉽게 그릴 수 있었지만, 사람을 그리는 데에는 서툴렀어요. 중학생이 된 하야오는 미술 선생님을 찾아가 고민을 털어놓았어요.

"사토 선생님, 어떻게 하면 그림을 잘 그릴 수 있나요?"

"잘 그리려고 하기보다 너만의 그림을 그려 봐. 그림을 통해 어떤 감정을 표현하고 싶은지도 생각해 보렴."

하야오는 몇 시간씩 석고상을 관찰하고, 동물원에 가서 곰과 원숭이의 움직임을 묘사하며 그림 연습에 몰두했어요. 관찰하는 습관이 익숙해진 뒤에는 선생님의 조언대로 상상해서 그림을 그리는 훈련을 했어요. 그렇게 차츰 실력이 늘었고, 하야오는 자신만의 개성 있는 화풍을 확립해 나갔어요.

미야자키 하야오

고등학생이 된 하야오는 일본 최초의 색채 장편 애니메이션 〈백사전〉(1958)을 보고 깊은 감명을 받았어요. 중국 설화를 바탕으로 한 이 작품은 뛰어난 표현력과 섬세한 묘사가 돋보이는 애니메이션이었어요. 하야오는 이 작품을 반복해서 감상하며 자신이 만들고 싶은 애니메이션의 방향을 점차 구체화해 나갔어요.

"〈백사전〉도 훌륭한 작품이지만 나는 관객들이 생각하고 성장할 수 있는 작품을 만들고 싶어."

하야오는 그림 연습을 계속하는 동시에, 아동 문학 연구회에 가입해 매일 한 권씩 세계 여러 나라의 동화를 읽었어요. 아이들이 재미있게 보면서도 미래에 대한 희망을 가질 수 있는 작품을 만들고 싶다는 목표가 점점 뚜렷해졌어요.

애니메이터로 첫발을 내디딘 미야자키 하야오는 TV 애니메이션 〈엄마 찾아 3만 리〉, 〈빨간 머리 앤〉, 〈플랜더스의 개〉, 〈미래 소년 코난〉 등의 작품에 참여하며 두각을 나타냈어요.

그리고 마침내 자연을 사랑하는 소녀가 자신을 희생해 세상을 구하는 이야기 〈바람계곡의 나우시카〉(1984)를 극장용 애니메이션으

로 만들었어요. 이 작품이 큰 인기를 얻으며 하야오는 동료들과 함께 애니메이션 제작사 '스튜디오 지브리'를 설립했어요. 이후 스튜디오 지브리에서는 수많은 명작이 탄생했지요.

미야자키 하야오는 전통적인 애니메이션 제작 방법을 고집하는 것으로 유명해요. 그는 컴퓨터 그래픽을 사용하지 않고, 모든 장면을 손으로 직접 그려 애니메이션을 제작했어요.

그렇게 만든 〈센과 치히로의 행방불명〉(2001)은 개봉 첫해 2,400만 명의 관객을 동원하며 일본 최고의 흥행 기록을 세웠어요. 애니메이션 최초로 베를린 국제영화제 대상을 받고 아카데미 시상식에서 최우수 장편 애니메이션상을 받으며 일본 애니메이션의 위상을 전 세계에 알렸어요.

2013년 미야자키 하야오는 은퇴를 선언했지만, 10년 만에 새로운 작품을 들고 다시 돌아왔어요.

"꼭 하고 싶은 이야기가 있어서 영화를 다시 만들 수밖에 없었습니다."

하야오는 여전히 컴퓨터 그래픽을 사용하지 않고, 모든 장면을 한 컷 한 컷 직접 손으로 그렸어요. 무려 7년간 공을 들여 완성한 〈그대들은 어떻게 살 것인가〉(2023)를 통해 관객들에게 중요한 메시지를 남겼어요.

영화 속에서 거대한 탑의 주인인 할아버지는 주인공 마히토에게 이런 메시지를 전해요.

"이 돌로 너만의 탑을 쌓아라. 풍요롭고 평화로우며 아름다운 세계를 만들어라."

모든 어린이가 자신만의 길을 용기 있게 걸어가길 바라는 마음. 이것이야말로 미야자키 하야오가 작품을 통해 전하고 싶었던 메시지가 아닐까요?

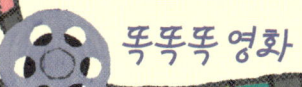 똑똑똑 영화

일본 애니메이션의 세계

일본 애니메이션은 독창적인 스타일과 깊이 있는 이야기로 세계적으로 사랑받고 있어요. 일본 애니메이션은 서양 애니메이션의 영향을 받아 시작되었지만, 제2차 세계대전 이후 점점 일본만의 독특한 스타일을 확립해 나갔어요.

1963년, 테즈카 오사무가 만든 TV 애니메이션 <우주소년 아톰>이 방영되면서 일본 애니메이션이 대중적으로 큰 인기를 얻기 시작했어요. 이후 <마징가 Z>(1972), <루팡 3세>(1971), <은하철도 999>(1978) 등 다양한 장르의 애니메이션이 등장하면서 일본 애니메이션 산업이 본격적으로 성장했어요.

1980년대 이후에는 미야자키 하야오와 스튜디오 지브리가 등장하면서 일본 애니메이션의 예술성과 스토리텔링이 한층 더 발전했지요.

일본 애니메이션은 큰 눈, 작은 입, 화려한 헤어스타일 등의 개성적인 디자인과 함께 과장된 표정과 동작을 활용하는 점이 특징이에요. 또한, 어린이용 애니메이션을 넘어 어른도 공감할 수 있는 철학적이고 감성적인 이야기를 담고 있답니다.

일본 도쿄의 지브리 미술관

가장 개인적인 것이 가장 창의적이다

봉준호(1969년~현재)

"기브 미 기생충 티켓!"

"봉준호 감독의 영화를 보려고 달려왔어요."

2019년 제72회 칸 국제영화제 경쟁 부문에 봉준호 감독의 신작 <기생충>(2019)이 초청되었어요.

극장의 불이 꺼지고 마침내 <기생충>이 공개되자, 관객들은 숨을 죽이며 영화에 몰입했어요. 영화가 끝나자 극장 안은 기립박수로 가득 찼고, 봉준호 감독과 배우들은 8분간 이어진 환호를 받았어요.

해외 주요 언론과 평론가들은 <기생충>에 찬사를 보냈고, 이 작품은 단숨에 영화제 최고의 화제작으로 떠올랐어요. 심사위원단은 만장일치로 칸 영화제 최고 영예인 황금종려상을 <기생충>에 수여했어요.

"저는 열두 살 때 영화감독이 되기로 마음먹은 소심하고 어리숙한 영화광이었습니다. 이 트로피를 손에 만지는 날이 올 줄은 상상도 못했습니다."

봉준호 감독의 영화는 어떻게 전 세계인의 마음을 사로잡았을까요?

열두 살의 영화광이 영화감독이 되기까지

"오늘은 무슨 영화를 할지 정말 기대된다. 얼른 AFKN 채널 틀어 봐야지!"

어린 준호는 오늘도 영화 볼 생각에 가슴이 두근거렸어요.

"준호야, 밤이 늦었는데 얼른 자야지."

"엄마, 이것만 보고 잘게요!"

봉준호는 어린 시절부터 영화를 너무 좋아해 밤을 새워 볼 정도였어요. 당시 한국에는 주한 미군을 위한 방송인 AFKN이 있었는데, 봉준호는 이 채널에서 방영한 다양한 영화들을 보며 성장했어요.

"저 장면 너무 긴장돼! 어떻게 촬영한 건지 그림으로 그려 봐야겠다."

봉준호는 만화 그리기를 좋아해 다섯 살 무렵부터 상상한 장면을 만화로 그렸어요. 여덟 살 무렵에는 앨프리드 히치콕이나 비토리오 데 시카의 영화들을 보며 강렬한 충격을 받았지요. 어린 시절의 이러한 경험은 훗날 봉준호 감독의 영화적 감각을 형성하는 중요한 기반이 되었어요.

"나는 커서 영화감독이 될 거야."

영화를 보며 상상하기를 좋아하던 봉준호는 열두 살 무렵부터 영화감독이 되기로 마음먹었어요. 미술대학교 교수였던 아버지는 어린

준호의 꿈을 응원하고 격려해 주었어요.

봉준호는 조용하고 말수가 적었지만, 영화에 대한 열정이 남달랐어요. 영화 잡지를 모으고 영화 관련 서적을 읽었어요. 대학에서는 영화 동아리 활동을 하며 본격적으로 영화 연출을 배우기 시작했어요.

"영화를 찍으려면 비디오카메라가 필요한데, 아르바이트를 해야겠어!"

봉준호는 6개월 동안 학교 매점에서 도넛을 판매하는 아르바이트를 하며 비디오카메라를 마련했어요. 그는 이 카메라로 촬영 연습을 하고, 결혼식 영상을 찍어 생활비를 벌었어요. 1994년, 단편 영화 〈백색인〉과 〈지리멸렬〉을 제작하며 봉준호는 본격적으로 영화감독의 길을 걷기 시작했어요.

봉준호 감독의 첫 장편 영화 〈플란다스의 개〉(2000)는 평범한 인물들이 억울한 상황에서 벗어나기 위해 애쓰는 과정을 풍자적으로 담아낸 작품이에요. 하지만 개의 실종이라는 독특한 설정은 관객들에게 낯설게 다가왔고, 흥행 성적은 기대에 미치지 못했어요.

"강아지 실종 사건을 다룬 영화라니, 그런 이야기를 누가 보겠어?"

평론가들은 작품성을 높이 평가했지만, 관객들의 반응은 차가웠어요. 봉준호는 자신을 믿고 투자해 준 투자사와 제작사에 손해를 끼쳤다는 생각에 큰 좌절을 겪었어요.

하지만 좌절만 하고 있을 수는 없었어요. 마음을 다잡고 다음 작품인 〈살인의 추억〉(2003)을 구상하기 시작했어요. 〈살인의 추억〉은 1986년부터 1991년까지 경기도 화성에서 발생한 연쇄 살인 사건을 모티브로 한 작품이었어요. 봉준호는 이 사건을 영화로 만들기 위해 당시 수사 기록을 철저히 조사하고 연구했어요.

"1980년대를 현실적으로 표현해야 해!"

봉준호는 촬영 장소를 직접 찾아다니며 사건 당시의 분위기를 완벽히 담아내기 위해 애썼어요. 그의 철저한 준비성과 치밀한 연출력 덕분에 〈살인의 추억〉은 흥행에 성공하며 관객들의 큰 사랑을 받았어요. 그의 꼼꼼한 연출 스타일은 사람들 사이에서 화제가 되며 '봉준호'와 '디테일'을 합친 '봉테일'이라는 별명도 얻게 되었어요.

한국 영화의 새로운 지평을 열다

〈살인의 추억〉이 흥행에 성공한 뒤, 봉준호는 오랫동안 마음속에 품고 있던 이야기를 영화로 만들기로 결심했어요.

"봉준호 감독님, 다음은 어떤 작품을 구상 중인가요?"

"한강에서 괴물이 나오는 영화를 생각 중입니다."

"괴물이라고요? 그것도 한강에서요?"

"네, 제가 고등학생 때 잠실대교 위를 기어 올라가는 이상한 생명체를 본 적이 있거든요. 헛것이었을 수도 있지만요. 그리고 주한 미군이 독극물을 한강에 방류한 사건이 있었죠? 한강에서 본 괴생명체와

그 사건을 연결 지어 이야기를 풀어 보려고요."

당시만 해도 한국 영화에서 괴수가 나오는 영화는 드물었어요. 또 국내 컴퓨터 그래픽 기술로는 실감 나는 괴물을 만드는 것이 쉽지 않았어요. 그래서 봉준호 감독이 '한강 괴물'을 주제로 영화를 만든다고 하자, 영화계와 주변의 반응은 부정적이었어요.

"〈살인의 추억〉 한 편 잘되었다고 아주 자신만만하시네요."

"왜 하필 괴물이 나오는 영화입니까?"

하지만 그럴수록 봉준호는 오기가 생겼고, 사람들의 편견과 우려를 깨기 위해 더욱 철저히 준비했어요.

그러나 본격적인 제작 과정에서 큰 난관이 닥쳤어요. 봉준호는 현실감 넘치는 괴물을 만들기 위해 2년 6개월 동안 무려 2천 장이 넘는 괴물 스케치를 검토해야 했어요. 특히 촬영 직전, 괴물 CG 제작을 담당할 외국 업체와 계약이 무산되는 위기를 맞이하기도 했어요.

괴물이 중요한 영화인데, CG를 맡을 회사를 정하지 못한 상태에서 촬영이 시작될 위기에 처했어요. 봉준호는 직접 CG 기술을 연구하기 시작했어요. 관련 서적을 찾아보며 공부한 끝에 그래픽 기술의 원리를 파악했어요. 이를 바탕으로 CG 디자이너들과 소통하며 괴물의 모습을 만들어 나갔지요.

결국 한국과 미국의 회사가 공동으로 CG 작업을 맡으며, 한국 영화 기술의 새로운 발전 가능성을 열었어요. 〈괴물〉(2006)은 한국에

서만 1,300만 명의 관객을 동원했어요. 당시 한국 영화 역대 최고 흥행 기록을 세웠고, 전 세계에서 큰 이익을 거두며 한국 영화가 세계 시장에서도 성공할 수 있다는 가능성을 보여 주었어요.

가장 개인적인 것이 가장 창의적이다

봉준호는 〈살인의 추억〉과 〈괴물〉로 국내에서 흥행 감독으로 자리 잡았고, 〈마더〉(2009)를 통해 세계 예술 영화계에서도 주목받았어요. 이후 〈설국열차〉(2013)와 〈옥자〉(2017)로 할리우드와 협업하며 국제적인 감독으로 도약했어요. 〈기생충〉으로 2019년 칸 국제영화제에서 황금종려상을 수상하며 세계 영화계의 중심에 섰지요. 이어 2020년 제92회 아카데미 시상식에서 작품상, 감독상, 각본상, 국제장편영화상을 받으며 한국 영화 최초로 아카데미 4관왕이라는 역사를 만들었어요. 그리고 첫 영어권 SF 영화인 〈미키 17〉(2025)을 연출하는 등 끊임없는 도전을 하고 있어요.

한 영화로 칸 영화제와 아카데미 시상식에서 최고상을 받는 것은 세계 영화 역사상 극히 드문 일이었어요. 수상의 영광을 안은 봉준호는 무대에서 이렇게 말했어요.

"가장 개인적인 것이 가장 창의적이다."

봉준호의 모든 영화는 자신의 경험에서 출발했어요. 아파트에서 경비원 할아버지를 보며 떠올린 〈플란다스의 개〉, 화성 연쇄 살인 사건을 모티브로 한 〈살인의 추억〉, 고등학생 시절 잠실대교에서 본 괴생명체에서 착안한 〈괴물〉, 관광버스에서 아주머니들이 춤추는 모습을 보고 구상한 〈마더〉, 대학생 때 부잣집에서 과외했던 경험을 바탕으로 한 〈기생충〉까지. 봉준호는 자신의 개인적인 경험에서 출발한 아이디어를 발전시켜 계급 갈등, 환경 문제, 빈부 격차 등 사회 보편적인 주제로 확장했어요.

개인적인 경험을 깊이 탐구한 끝에 누구도 흉내 낼 수 없는 자신만의 창의적인 세계를 만든 봉준호 감독. 그의 작품은 스릴러, 블랙 코미디, 드라마가 혼합된 독창적인 스타일과 강렬한 사회적 메시지가 결합한 것이 특징이에요. 이러한 개성 덕분에 사람들은 그의 영화를 '봉준호 장르'라고 부른답니다. 봉준호 감독의 성공은 한국 영화가 세계적으로 인정받는 중요한 계기가 되었어요.

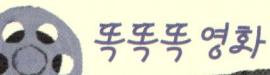 똑똑똑 영화

세계가 주목하는 한국 영화

전 세계 영화인들이 주목하는 세계 3대 영화제는 칸 국제영화제, 베니스 국제영화제, 베를린 국제영화제예요. 이 영화제에서 수상하는 것은 곧 영화의 예술성과 작품성을 세계적으로 인정받는다는 뜻이에요.

＊칸 국제영화제(프랑스, 5월 개최)
가장 권위 있는 영화제로, 최고의 상은 황금종려상이에요. 2019년 봉준호 감독의 <기생충>이 한국 영화 최초로 황금종려상을 수상했고, 박찬욱 감독, 이창동 감독, 임권택 감독, 전도연 배우 등이 다른 부문에서 수상했어요.

＊베니스 국제영화제(이탈리아, 8월~9월 개최)
세계에서 가장 오래된 영화제로, 예술성이 뛰어난 작품에 최고의 상을 수여해요. 2012년 김기덕 감독의 <피에타>가 한국 영화 최초로 황금사자상을 수상했어요.

＊베를린 국제영화제(독일, 2월 개최)
사회적 메시지가 강한 작품들이 주목받는 영화제예요. 김기덕 감독, 홍상수 감독, 배우 김민희 등이 수상하며 한국 영화의 위상을 높였어요.

봉준호 감독

참고 문헌

★도서

《죽기 전에 꼭 봐야 할 영화 1001》 스티븐 제이 슈나이더, 마로니에북스, 2005
《세계영화대사전》 제프리 노웰 스미스, 미메시스, 2015
《씨네21 영화감독사전》 씨네21편집부, 한겨레신문사, 2003
《디렉팅, 영화감독》 마이크 굿리지, 커뮤니케이션북스, 2018
《위대한 영화감독들 A to Z》 매트 글라스비, 시그마북스, 2016
《위대한 영화감독들의 기상천외한 인생 이야기》 로버트 쉬네이큰버그, 시그마북스, 2010
《클라시커 50 영화감독》 니콜라우스 슈뢰더, 해냄출판사, 2003
《만화로 보는 영화의 역사》 황희연, 오픈하우스, 2013
《세계영화사 강의》 임정택 외, 연세대학교출판부, 2001
《월트 디즈니의 꿈과 성공의 메시지 100》 월트 디즈니, 지식여행, 2021
《월트 디즈니》 김지영, 살림출판사, 2009
《히치콕》 패트릭 맥길리건, 그책, 2016
《트뤼포 시네필의 영원한 초상》 앙투안 드 베크, 을유문화사, 2022
《스티븐 스필버그 명언 30》 스티븐 스필버그, GOT, 2023
《제임스 카메론》 최재훈, 황재희, 웅진주니어, 2013
《제임스 카메론》 김지영, 이윤정, 한스미디어, 2010
《제임스 카메론 더 퓨처리스트》 레베카 키건, 21세기북스, 2011
《미야자키 하야오는 만화 영화 감독이 될 거예요》 한내글방 글, 한내글방, 2016

★기사 및 뉴스

"파리의 그랑 카페에서 열 편의 영화를 상영하다" 정성일, 한국영화데이터베이스, 2016
"알프레드 히치콕 감독 '이창' 관음증 소재의 스릴러 원조급 영화" 이주석, 중앙이코노믹뉴스, 2020
"감독과 작품 : 플란다스의 개 봉준호 감독" 매일경제(김윤정 기자), 2000
"괴물 속 괴물 제작 과정" 씨네21, 2006
"기생충 아카데미 수상 기념 감독 봉준호" MBC 특집 다큐멘터리, 2020
"봉준호 감독 새로운 형태의 괴물 이야기하고 싶었다" KBS 뉴스, 2006
"장르를 물 먹이는 장르영화 감독, 봉준호" 시사IN(임지영 기자), 2020